DEUTSCHE OSTSEEKÜSTE

INHALT

EINLEITUNG

Vorwort	4
Natur und Landschaft	6
Im Strom der Geschichte	8
Kultur und Alltag	10

TOP-STÄDTE

Kiel	14
Lübeck	18
Rostock	22
Stralsund	26

SEHENSWÜRDIGKEITEN

Schleswiger Ostseeküste 32
Glücksburg
Flensburg, Flensburger Förde
Angeln
Schleswig
An der Schlei
Schwansen

Holstein 35
Nord-Ostsee-Kanal
Kiel
Laboe, Kieler Förde
Probstei, Selenter See
Hohwachter Bucht, Heiligenhafen
Fehmarn
Naturpark Holsteinische Schweiz
Eutin
Plön
Rund um die Lübecker Bucht
Lübeck: Holstentor
Lübeck: Historische Altstadt
Lübeck: St. Marien, St. Petri
Lübeck: an der Trave
Ratzeburg, Mölln
Naturpark Lauenburgische Seen

Mecklenburg 44
Klützer Winkel
Schaalsee
Poel
Wismar

Schwerin
Heiligendamm, Kühlungsborn
Bad Doberan
Rostock
Warnemünde
Fischland

Vorpommern 49
Darß
Stralsund
Nationalpark Vorpommersche
 Boddenlandschaft
Hiddensee

Rügen 51
Kap Arkona
Nationalpark Jasmund Kreidefelsen
Sassnitz
Ostseebad Binz
Schloss Granitz
Ostseebäder Sellin und Baabe
Biosphärenreservat Südost-Rügen

Östliches Vorpommern 55
Greifswald, Eldena
Usedoms Seebäder:
 Bansin, Heringsdorf, Ahlbeck
Peenestrom
Schloss Mellenthin
Naturpark Insel Usedom

KOMPAKT

Natur entdecken, Kultur genießen, Essen und Trinken, Übernachten, Shopping und Events erleben in den Regionen:

Schleswiger Ostseeküste	60
Holstein	65
Mecklenburg	74
Vorpommern	77
Rügen	82
Östliches Vorpommern	86

SERVICE

Infos	90
Stichwortregister	94
Bildnachweis und Impressum	96

VORWORT

Die Schriftstellerin Martha Müller-Grählert (1876–1939) dichtete das spätere Lied »Mine Heimat« in ihrem Heimatstädtchen Barth in Vorpommern. Seitdem hat es in zahlreichen Adaptionen und Übersetzungen die Welt erobert. Dort, wo es herkommt, hat sich nichts verändert: Noch immer blüht der »gele Ginster« im Dünensand im lütten, stillen Inselland auf dem Darß – eine von den unverwechselbaren Regionen, die die deutsche Ostseeküste so vielgestaltig machen. Mit dicht bewaldeten Hügeln, schroffen Klippen oder amphibischen Wasserlandschaften mit Bodden und Nehrungen ist die Ostseeküste eine der abwechslungsreichsten Topografien in Deutschland. Viele Naturschutzgebiete – Fluchtpunkt für

seltene Tier- und Pflanzenarten – bewahren große Teile dieser raren Biotope. Wildromantische Naturstrände findet man ebenso, wie perfekt erschlossene Kuranlagen. Zugleich ist die Ostseeregion mit den Bundesländern Schleswig-Holstein und Mecklenburg-Vorpommern eine alte Kulturregion mit beeindruckenden Bauten und historischen Artefakten, deren Ursprung bis ins frühe Mittelalter zurückreicht – vereinzelt sogar noch viel länger, wie vielerorts spannende Museen dokumentieren.

NATUR UND LANDSCHAFT

Nur ein Binnenmeer?

Gegen die großen Weltmeere wie den Atlantik oder den Pazifik erscheint die Ostsee auf Landkarten und Globen zwar klein, doch mit über 400 000 Quadratkilometer Wasserfläche und einer durchschnittlichen Tiefe von mehr als 50 Metern (im Landsorttief zwischen der Insel Gotland und dem schwedischen Festland sind es sogar 459 Meter) verfügt sie durchaus über beeindruckende Maße. Das Baltische Meer ist wahrlich nicht zu unterschätzen. Von den Gefahren bei rauer See zeugen Legenden von versunkenen Orten wie Vineta oder Unglücksfälle wie der Untergang der Fähre Estonia im September 1994 vor der südfinnischen Küste. Die Ostsee ist ein Produkt der jüngsten Eiszeit. Am Ende dieser Weichseleiszeit, vor etwa 10 000 Jahren, schmolzen die gewaltigen Eismassen, es entstand der Baltische Eisstausee, der sich immer weiter nach Norden ausdehnte. Rund 1000 Jahre später sorgten die weltweit steigenden Wassermassen für eine Verbindung zur salzhaltigen Nordsee. Vor 2000 bis 1500 Jahren nahm die Ostsee schließlich ihre heutige Form an, die über schmale Belt- und Sundwasserwege mit der Nordsee verbunden ist. Die Gezeiten wirken sich in der Ostsee erheblich schwächer aus als in der Nordsee. Der durchschnittliche Tidenhub beträgt lediglich 20 bis 30 Zentimeter, an der Nordsee können es dagegen 2 bis 3 Meter sein. Auch der Salzgehalt liegt in der Ostsee deutlich niedriger als in der Nordsee, und unterscheidet sich nochmals in den verschiedenen Teilen des Meeres: Vor den deutschen Küsten ist das Wasser im Westen deutlich salziger als im Osten. Ein Unterschied ist auch im Klima zu beobachten. In Schleswig-Holstein ist es nämlich deutlich maritimer, während weiter im Osten eher kontinentales Klima vorherrscht.

Vielgestaltige Küsten

Die Küsten der neun Anrainerstaaten der Ostsee zeigen vielfältige Formen. Passend dazu ist auch die deutsche Ostseeküste alles andere als einförmig. Schleswig-Holstein zum Beispiel verfügt über eine Fördenküste. Förden sind tief ins Land einschneidende schmale Buchten, die am Ende der letzten Eiszeit entstanden, als wandernde Gletscherzungen mächtige Rinnen in den Untergrund frästen, die sich später mit Wasser füllten. Flensburger Förde, Schlei (bei Schleswig), Eckernförder Bucht, Kieler Förde und Hemmelsdorfer See (bei Lübeck) gehen auf solche eiszeitlichen Trogtäler zurück.

Ganz anders sieht die Küste weiter östlich in Mecklenburg-Vorpommern aus. Typisch ist hier eine Abfolge von Bodden. Bodden nennt man Strandseen, also Lagunen, die vom offenen Meer durch eine Landzunge abgegrenzt sind und mit der Ostsee nur durch einen mehr oder weniger schmalen Zugang verbunden sind. Da sie oft zusätzlich von Fließgewässern gespeist werden, liegt der Salzgehalt in den Bodden niedriger als in der Ostsee selbst. Zu den bekanntesten Bodden zählen die Darß-Zingster Boddenkette, der Strelasund und der Greifswalder Bodden.

An der deutschen Ostseeküste findet man einige sehr flache Sandstrände, die ideale Voraussetzungen für den Badetourismus bieten, aber auch Kiesstrände und Forma-

NATUR UND LANDSCHAFT

tionen wie die beeindruckenden Kreideklippen auf Rügen, die mit dem 118 Meter hohen Königsstuhl in der Stubbenkammer ihren höchsten Punkt erreichen.

Eine naturbelassene Landschaft

Besonders ursprünglich präsentiert sich die Ostseeküste im Nationalpark Vorpommersche Boddenlandschaft. Er erstreckt sich vom Darß bis zur Insel Rügen und schließt auch die Insel Hiddensee mit ein. sen ist, und in Schutzzone II, die naturverträglich bewirtschaftet werden darf. Ungeachtet dessen, ist in den verschiedenen Lebensräumen des Nationalparks überall eine erstaunliche Vielfalt an Tieren und Pflanzen heimisch. Etliche Vogelarten brüten im Uferschilf, in den Dünen und auf den Klippen, überwintern dort oder machen Zwischenstation auf dem Weg nach Süden. Letzteres gilt insbesondere für die rund 60 000 Kraniche, die zwischen September und November

Im hügeligen Dornbusch steht der Leuchtturm von Hiddensee.

Zwei große Boddenketten gehören zu diesem mit 805 Quadratkilometer Fläche größten Nationalpark Mecklenburg-Vorpommerns: die Darß-Zingster Boddenkette und die westrügenschen Bodden. Der Nationalpark ist zweigeteilt in Schutzzone I, die vollkommen naturbelas- hier rasten. Sie folgen den Graugänsen, die den Sommer über den Park bevölkern. Ein besonders schöner Anblick sind auch die Ostsee-Kegelrobben, die sich dank intensiver Schutzmaßnahmen nun wieder regelmäßig in den Gewässern des Naturparks sehen lassen.

Deutsche Ostseeküste

IM STROM DER GESCHICHTE

Von der Steinzeit bis ins Mittelalter

Vor rund 10 000 Jahren ließen sich die ersten steinzeitlichen Jäger und Sammler im Bereich der deutschen Ostseeküste nieder. In geschichtlicher Zeit entwickelten sich die schleswig-holsteinische und die mecklenburg-vorpommersche Ostseeküste zunächst relativ unterschiedlich. Ab dem Jahr 650 wurde der Norden bis zur Schlei dänisch, südlich davon entstand mit dem Danewerk ein Grenzwall gegen die Sachsen. Im Osten siedelten Slawen, die zeitweilig auch eigene Reiche gründeten.

Um das Jahr 800 entstand an der dänischen Schlei die Wikingersiedlung Haithabu, die bald zu einem wichtigen Handelszentrum der Region wurde. Haithabu wurde 1066 von den Norwegern teilweise zerstört, dann eroberten es die Slawen, die nun weiter nach Westen vordrangen. Sie wurden aber 1093 von den Dänen endgültig zurückgeschlagen. Weiter östlich beendete der Wendenkreuzzug Heinrichs des Löwen im Jahr 1147 die Herrschaft der Slawen. In der Folge übernahm hier der deutsche Kaiser die Macht.

Von der Gründung der Hanse bis zum Dreißigjährigen Krieg

Die Hanse, die im 13. Jahrhundert aus einem Zusammenschluss niederdeutscher Kaufleute hervorging, besaß nicht nur erhebliche Wirtschaftsmacht, sondern übte auch beträchtlichen politischen Einfluss aus. Beispielsweise erklärten die Hansestädte unter Führung von Lübeck 1371 Dänemark den Krieg. Sie gewannen die Auseinandersetzung letztlich, und im Frieden von Stralsund 1370 wurde u. a. vereinbart, dass künftig kein dänischer König ohne die Zustimmung der Hanse gewählt werden durfte.

1536 setzte sich die Reformation in Schleswig-Holstein und in Vorpommern durch, Martin Luther selbst schloss in diesem Jahr die Ehe zwischen Herzog Philipp I. von Pommern-Wolgast und Maria von Sachsen. Im Dreißigjährigen Krieg besetzten die Schweden 1630 Pommern, das sie erst 1815 an Preußen abtraten. Schleswig-Holstein gehörte weiterhin zu Dänemark.

Karte von Lübeck und Hamburg aus dem »Civitates Orbis Terrarum« von 1572.

Bädertourismus schon zu Kaisers Zeiten

Heiligendamm in Mecklenburg-Vorpommern kann sich rühmen, das erste deutsche Seebad gewesen zu sein. 1793 badete Herzog Friedrich Franz I. von Mecklenburg-Schwerin aus medizinischen Gründen in der Ostsee. Ihm folgten bald zahlreiche Angehörige des europäischen Hochadels, und noch bis in die 1930er-Jahre zählte Heiligendamm zu den elegantesten Seebädern der Ostsee. Viele Kurhäuser und Villen aus jener Zeit werden in Heiligendamm, in Kühlungsborn und in anderen benachbarten Badeorten liebevoll gepflegt. Gegen Ende des 19. Jahrhunderts begann auch etwas weiter östlich, auf Usedom, die große Zeit der Seebäder. Ahlbeck, Heringsdorf und Bansin waren hier führend und konnten von Berlin aus mit dem Zug bequem in drei Stunden erreicht werden. So viele Gäste aus der Hauptstadt verbrachten hier ihren Sommerurlaub, dass die Region bald den Beinamen »Badewanne der Berliner« erhielt.

Das 19. und 20. Jahrhundert
1815 kam Vorpommern zu Preußen, 1867 wurde auch Schleswig-Holstein preußisch. Während des Zweiten Weltkriegs leitete Wernher von Braun in Peenemünde auf Usedom die Entwicklung von Raketen. Nach Hitlers Selbstmord 1945 floh die Reichsregierung unter Großadmiral Karl Dönitz nach Flensburg. Der Zweite Weltkrieg hinterließ in vielen deutschen Küstenstädten wie Flensburg, Kiel, Lübeck, Wismar oder Rostock schwere Zerstörungen. Nach dem Krieg war Schleswig-Holstein zunächst britische Besatzungszone und wurde 1949 ein Bundesland der Bundesrepublik Deutschland (BRD). Mecklenburg-Vorpommern wurde von den Sowjets besetzt und gehörte daher bald zur 1949 neu gegründeten Deutschen Demokratischen Republik (DDR). Nach dem Fall der Mauer wurde auch Mecklenburg-Vorpommern zu einem Bundesland der BRD. Als solches beging »Meck-Pomm« 1995 seine Tausendjahrfeier, 2004 feierte die Stadt Schleswig ihr 1200-jähriges Bestehen. Internationale Anerkennung kam von der UNESCO, die 1987 die Altstadt von Lübeck und 2002 die historischen Altstädte von Stralsund und Wismar in ihre Weltkulturerbe-Liste aufnahm.

Die Hanse – eine frühe europäische Organisation

Die Hanse entstand im ausgehenden 12. Jahrhundert als Bund von Kaufleuten, die im Ost- und Nordseeraum handelten. Sie reisten gemeinsam, weil sie in der Gruppe weniger angreifbar waren, und sie vertraten ihre Interessen gegenüber den Handelspartnern im

Die Kogge – das Handelsschiff der Hansezeit.

Verbund. In dieser Hanse (ahd. »Gruppe, Schar«) schlossen sich zunächst meist deutsche und flämische Kaufleute zusammen, die ein dichtes Netz von Handelsniederlassungen von den Niederlanden bis Russland knüpften. Die Entwicklung der Kogge, eines Hanseschiffs mit großem Tiefgang, begünstigte Städte mit gut ausgebauten Häfen. Sie gewannen zunehmend an Bedeutung, bis im 14. Jahrhundert aus der Kaufmanns- die Städtehanse geworden war, die auch politisch Einfluss nahm.

KULTUR UND ALLTAG

Im Meer versunken: Vineta

Der Sage nach war Vineta eine sehr reiche Stadt an der südlichen Ostseeküste. Doch ihre Bewohner hätten durch Verschwendungssucht und Unmoral ihren Untergang herbeigeführt. Verblendet, missachteten sie Warnungen, als eine Luftspiegelung von Vineta über der Ostsee zu sehen war und eine Meerjungfrau zur Demut mahnte. Daraufhin riss ein verheerendes Sturmhochwasser die Stadt ins Meer.

Tatsächlich berichtet der Domherr Adam von Bremen im 11. Jahrhundert von einer blühenden Stadt im Bereich der Odermündung. Auch moderne Wissenschaftler halten es für durchaus möglich, dass sich vor der Küste Vorpommerns eine solche versunkene Stadt befindet – vielleicht vor Usedom, im Greifswalder Bodden oder in der Darß-Zingster Boddenkette bei Barth. Jedenfalls finden in Zinnowitz auf Usedom jeden Sommer die Vineta-Festspiele statt.

Künstler – einst und jetzt

Nur wenig ist über den Maler und Bildhauer Bernt Notke (ca. 1435–1509) bekannt, der vorwiegend im Ostseeraum arbeitete, doch seine Werke, wie das Triumphkreuz im Lübecker Dom, zeugen von großer Kunst. Weit mehr weiß man über zwei der bedeutendsten deutschen Maler der Romantik, die in Vorpommern geboren wurden: Caspar David Friedrich (1774–1840) in Greifswald und Philipp Otto Runge (1777–1810) in Wolgast. Runge verbrachte seine Kindheit und Jugend an der Ostseeküste, später lebte er in Hamburg und Dresden. In seinem Werk finden sich allerdings kaum Hinweise auf die Landschaft seiner Heimat. Caspar David Friedrich verließ zwar ebenfalls seinen Geburtsort und ging erst nach Kopenhagen, bevor er sich in Dresden niederließ. Doch er besuchte das Land an der Ostsee immer wieder, und auch viele seine Bilder zeigen Motive aus Greifswald und Umgebung. Ende des 19. Jahrhunderts gründete der Maler Paul Müller-Kaempff (1861–1941) die Künstlerkolonie Ahrenshoop. 1911 weilte auch Erich Heckel (1883–1970) einige Zeit auf dem Darß. Später verbrachte er viele Sommer an der Flensburger Förde. In den 1930er-Jahren lebte in Ahrenshoop der namhafte Bildhauer Gerhard Marcks, und noch heute finden zahlreiche Künstler und Kunsthandwerker hier am Übergang vom Fischland zum Darß ihr Zuhause.

Literatur: Nobelpreisträger & Co.

Gleich drei Literaturnobelpreisträger wurden an der deutschen Ostseeküste geboren oder fanden hier eine Heimat. Thomas Mann (1875–

KULTUR UND ALLTAG

1955) entstammte einer Lübecker Familie und verbrachte Kindheit und Jugend in seiner Heimatstadt. Zu Nobelpreisehren hat es sein Bruder Heinrich Mann (1871–1950) nicht gebracht, doch auch seine Romane, etwa »Der Untertan«, fanden eine breite Leserschaft. Das Buddenbrookhaus in Lübeck widmet sich heute in einer Ausstellung ihrem Leben und Werk.

38,50 Meter misst das Gewölbe über dem Hauptschiff im Lübecker Dom.

Ein weiterer Literaturnobelpreisträger, der gebürtige Danziger Günter Grass (*1927), lebt heute in der Nähe von Lübeck. Auch zu seinem Leben und Werk gibt es in Lübeck ein Museum. Gerhart Hauptmann (1862–1946) zog die Liebe zur Ostseeküste aus seiner schlesischen Heimat auf die Insel Hiddensee. Er besaß in Kloster ein Haus und ist auch auf dem dortigen Friedhof begraben. Weitere Schriftsteller, die an der Ostseeküste geboren wurden, sind Ernst Moritz Arndt (1769–1860), der aus Rügen stammte, in Stralsund zur Schule ging und an der Universität von Greifswald studierte, Wolfgang Koeppen (1906–1996), gebürtiger Greifswalder, der die Ostseeküste zum Schauplatz eines seiner Romane machte, und Walter Kempowski (1929–2007), der in Rostock zur Welt kam, dort die Schule besuchte und eine kaufmännische Lehre absolvierte.

Hansestädte, Schlösser und Klöster

Die Städte der gesamten Ostseeregion sind wesentlich durch die Blütezeit der Hanse im späten Mittelalter geprägt. So gibt es in Lübeck wie in Wismar, in Greifswald, Rostock und Stralsund prächtige Bürgerhäuser aus jener Zeit zu bewundern, große Sakralbauten und dominante Rathäuser. Auch Kiel war einst eine solche Hansestadt, doch wurde hier in den Bombenangriffen des Zweiten Weltkriegs die historische Bausubstanz fast völlig zerstört. Nicht weniger ansehnlich als die »Großen« präsentieren sich viele kleinere Orte der Ostseeküste. Ein imposanter Renaissancebau ist etwa das wasserumgebene Schloss Glücksburg mit seinen vier charakteristischen Ecktürmen. Einen gewissen Stilmix zeigt dagegen Schleswigs Residenz Schloss Gottorf, das dank einer Bauzeit von mehreren Jahrhunderten Elemente aus Gotik, Renaissance und Barock aufweist. Barocke und klassizistische Bürgerhäuser prägen das Stadtbild von Wolgast, doch zeugen Rathaus und Petrikirche von der großen Bedeutung, die die herzogliche Residenzstadt bereits im Mittelalter besaß. Auch die Kirchen trugen ihren Teil bei: Das ehemalige Benediktinerkloster Cismar, heute ein Kulturzentrum, war einst dank seiner Reliquien ein viel besuchter Wallfahrtsort. Und das 1368 geweihte Münster von Bad Doberan lockt mit etlichen kunsthistorisch bedeutenden Ausstattungsstücken wie dem Hochaltar oder der Leuchtermadonna.

TOP-STÄDTE

Ein eher flaches Meer, doch immer gut für tiefe Eindrücke: Die Ostseeküste bietet allen Erholungssuchenden vielfältige Möglichkeiten für einen aktiven und entspannenden Urlaub. Wald- und dünengesäumte, feinsandige Strände, die Kreidefelsen der Steilküste, dazu die zahlreichen See- und Kurbäder mit ihrer typischen Villenarchitektur locken jedes Jahr

TOP-STÄDTE

Hunderttausende an. Neben der Natur ist auch das urbane Leben hier etwas Besonderes. Hansestädte wie Lübeck, Wismar und Rostock blicken auf eine reiche Handelstradition zurück und besaßen ebenso wie Greifswald und Stralsund (hier im Bild) kulturelle Ausstrahlung in den ganzen Ostseeraum.

TOP-STÄDTE

Kiel

Deutschlands nördlichste Landeshauptstadt, an der Kieler Förde gelegen, strahlt auf Schritt und Tritt maritimes Flair aus. Hafen, Fährterminals und Werften bestimmen das Bild. Obwohl im letzten Krieg fast vollständig zerstört, wartet Kiel mit echten Highlights auf.

❶ Kiellinie
Von dieser Flaniermeile zwischen Schlossgarten, Landeshaus und den Ministerien aus hat man beste Ausblicke auf die Förde und den Kieler Hafen. Wenn die »Gorch Fock« mit ihren 2000 Quadratmetern Segelfläche nicht auf den Weltmeeren unterwegs ist, liegt das bekannte Schulschiff am Kai vor dem Landeshaus. Seit 2007 machen die schicken Kreuzfahrtschiffe am Ostseekai fest. Von der Kiellinie aus lässt sich die Arbeit der Werft Blohm und Voss gleich gegenüber gut beobachten. Zur Kieler Woche herrscht hier buntes Treiben.

❷ Kunsthalle
Mit ca. 1800 Quadratmeter Ausstellungsfläche ist die Kunsthalle der Christian-Albrechts-Universität das größte Museum der Stadt. Neben der Antikensammlung sind vor allem die Kunstwerke des 19. und 20. Jahrhunderts hervorzuheben, wobei Arbeiten schleswig-holsteinischer Maler im Vordergrund stehen. Diese Sammlung wird jährlich unter dem Titel »SEE history« neu positioniert.

❸ Warleberger Hof
Als bedeutender Marinestandort wurde Kiel im letzten Krieg fast vollständig zerstört. Der Warleberger Hof blieb als einziger Adelshof aus dem 17. Jahrundert erhalten. Heute bringt hier das Stadtmuseum den Besuchern die Kieler Geschichte nahe.

❹ St.-Nikolai-Kirche
Die Ursprünge liegen im 13. Jahrhundert: Der dreischifffige Backstein-Hallenbau ist Kiels wichtigster Sakralbau. Im 19. Jahrhundert wurde die Fassade neugotisch gestaltet. Erhalten und sehenswert sind der Hochaltar, das Triumphkreuz, die Bronzetaufe und die Kanzel. Gleich neben dem Eingang hat Ernst Barlachs Skulptur des »Geistkämpfers« ihren Platz.

❺ Franziskanerkloster
Der Sage nach soll der Gründer von Kiel, Graf Adolf IV. von Holstein, auch der Klostergründer sein. Im noch teilweise erhaltenen Kreuzgang findet sich sein Grabstein. Erhalten sind auch das Refektorium, ein Kirchturm und Teile des Klosterfriedhofes. Erstmals beurkundet wurde das Kloster im Jahr 1242.

❻ Rathaus
Der Architekt Hermann Billing erbaute von 1907 bis 1911 das Rathaus. Der Backsteinbau gruppiert sich um drei Innenhöfe und ist mit schönen Jugendstilornamenten ausgestattet. Der 107 Meter hohe Rathausturm, der dem Campanile auf dem Markusplatz in Venedig ähnelt, gilt als Kiels Wahrzeichen. Im Rahmen einer Führung kann man ihn zu Fuß oder – wer es bequemer liebt – per Aufzug erklimmen. Die Aussicht über Stadt und Förde ist die Mühe allemal wert.

❼ St.-Nikolaus-Kirche
In den Jahren 1891/92 entstand dieser Bau in neugotischem Stil.

TOP-STÄDTE

Kiel

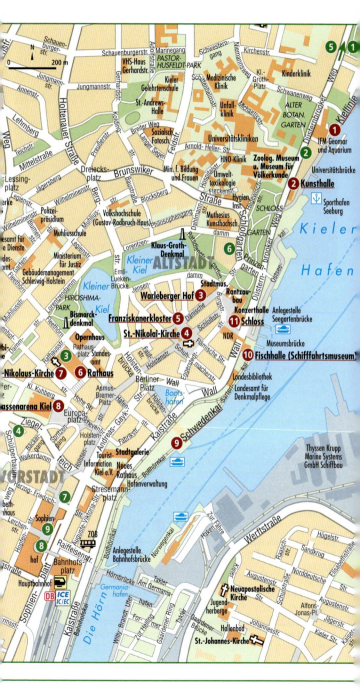

Deutsche Ostseeküste

TOP-STÄDTE

Kiel

Am Schwedenkai legen Fähren nach Skandinavien ab.

Der Turm und das Kircheninnere wurden in den 1960er-Jahren mit modernen Ergänzungen erneuert.

❽ Sparkassenarena Kiel
Die Ursprünge der mehr noch unter ihrem lange gültigen alten Namen »Ostseehalle« bekannten Konzert- und Sporthalle am Europaplatz sind auf der Nordseeinsel Sylt zu finden. Hier diente die Anlage im Krieg als Flugzeughangar. In der Folgezeit mehrfach umgebaut, bietet sie heute großen Konzerten einen auch akustisch angemessenen Rahmen. Die Halle ist aber auch die Heimat des national und international überaus erfolgreichen Handballteams des THW Kiel, der hier vor regelmäßig ausverkauften Rängen spielt.

❾ Schwedenkai
Maritimes Leben: Ein ständiges An- und Ablegen der Fähren an den modernen Terminals kann man hier und auch am sich anschließenden Bollhörnkai beobachten. Kiel ist ein wichtiger Hafen für die Fähren nach Skandinavien und zu den anderen Ostsee-Anrainerstaaten – zur Freude aller Gäste, die sich für die christliche Seefahrt begeistern können.

❿ Schifffahrtsmuseum
Im Gebäude der ehemaligen Fischhalle von 1910 stehen allerlei historische Schiffsmodelle, nautische Instrumente und Dokumente im Blickpunkt. Am Kai des Museumshafens sind Oldtimerschiffe, unter anderem ein Seenotrettungskreuzer, zu besichtigen.

⓫ Schloss
Ab dem 16. Jahrhundert erbaut, fiel das Schloss 1944 einem Bombenangriff zum Opfer. Erhalten blieb nur der so genannte Rantzaubau. Die übrigen Gebäudeteile wurden inzwischen durch einen modernen Neubau ersetzt, in dem Veranstaltungen, unter anderem Konzerte, stattfinden.

TOP-STÄDTE

Kiel

Essen und Trinken

❶ Louf
Manchmal trifft man hier auf den einen oder anderen Politiker. Gute Küche, Terrasse mit Blick auf die Kieler Förde.
Reventloualee 2,
Tel. 04 31/55 11 78,
www.louf.de, April–Sept.
tgl. ab 10, Okt–Mrz ab 11.30,
So ab 9 Uhr.

❷ Schöne Aussichten
In den Räumen des Ersten Kieler Ruderclubs direkt an der Kieler Förde werden auch Unsportliche mit frischer saisonaler Küche, nicht ganz ohne mediterranen Einfluss, versorgt.
Düsternbrooker Weg 16,
Tel. 04 31/210 85 85,
www.schoene-aussichten-kiel.de, Di–Sa
12–22, So 12–17 Uhr.

❸ Ratskeller Kiel
Das Ambiente ist gepflegt- rustikal, und die Küche bietet neben Stammgerichten vor allem Regionales aus frischen Produkten. Bei fangfrischem Fisch und Holsteiner Spezialitäten stimmt das Preis-Leistungs-Verhältnis.
Fleethörn 9–11,
Tel. 04 31/971 00 05,
www.ratskeller-kiel.de
tgl. ab 11 Uhr.

❹ Dubrovnik
In Nachbarschaft zur Ostseehalle (heute Sparkassenarena Kiel) liegt dieses Balkanrestaurant. Hier gibt es Leckeres vom Grill.
Ziegelteich 37–39,
Tel. 04 31/933 85,
www.dubrovnik-kiel.de
tgl. 11.30–15, 17.30–23 Uhr.

Übernachten

❺ Parkhotel Kieler Kaufmann
Das komfortable und liebevoll eingerichtete Gästehaus residiert in einer alten Bankiersvilla.
Niemannsweg 102,
Tel. 04 31/881 10,
www.kieler-kaufmann.de

❻ Steigenberger Conti Hansa
Innenstadt, Schloss und Hafen sind unweit dieses First-Class-Hotels.
Schlossgarten 7,
Tel. 04 31/511 50,
www.kiel.steigenberger.de

Shopping

❼ Buchhandlung
Aus der alten Buchhandlung Weiland ist Hugendubel geworden, das Angebot an maritimer Literatur hat darunter nicht gelitten. *Herzog-Friedrich-Str. 30–42, Tel. 04 31/98 21 50,*
Mo–Sa 9.30–20 Uhr.

❽ Passader Backhaus
Von weitem duftet eine Vielfalt frisch gebackenen Brots aus der Zusammenarbeit von Biobäckerei und Biolandhof in der Probstei.
Sophienblatt 20,
Sophienhof,
Tel. 04 31/26 09 23 63,
www.passader-backhaus.de
Mo–Sa 8-20 Uhr.

❾ Sophienhof
Etwa 100 Läden verschiedener Branchen, große Anbieter, kleine Fachgeschäfte und Lokale sind in dem Einkaufsparadies vereint.
Sophienblatt 20, Sophienhof,
Tel. 04 31/67 30 44,
www.sophienhof.de
Mo–Sa 10–20 Uhr.

TOP-STÄDTE

Lübeck

Das Zentrum der einstigen Königin der Hanse zählt zum UNESCO-Welterbe. Durch Gassen von mittelalterlichem Flair oder an den Ufern der Trave zu spazieren und wunderschöne Backsteingotik zu betrachten, ist bei Weitem nicht nur ein Sommervergnügen.

❶ Holstentor
Jahrzehntelang trugen es die Deutschen in der Geldbörse mit sich herum: als Bild auf dem einstigen 50-DM-Schein. Das 1464 bis 1478 im spätgotischen Stil erbaute Stadttor mit den beiden charakteristischen Rundtürmen zeigt eine höchst wehrhafte Fassade. Doch im Lauf der Jahrhunderte litt der Bau durch den zu weichen Untergrund; das Vortor wurde 1853 abgerissen, der Hauptbau bald darauf restauriert. Seit 1950 gibt im Gebäude das Stadtgeschichtliche Museum Einblicke in die bewegte Historie der Hansestadt.

❷ St. Petri
Das Gotteshaus erfuhr im letzten Krieg schwere Zerstörungen, doch nach gründlicher Restaurierung erstrahlt es heute wieder in alter Schönheit. Zwei Bauphasen sind zu unterscheiden: Die einst romanische dreischiffige Kirche aus der zweiten Hälfte des 13. Jahrhunderts wurde von 1450 bis 1519 zur fünfschiffigen gotischen Halle erweitert. Ein Highlight für die Besucher ist die Aussichtsplattform

❸ Rathaus
Am Rathaus am Marktplatz, errichtet ab 1230 und damit eines unserer ältesten, fällt vor allem die Schauwand der Südfassade mit ihren Türmchen auf. Jede Bauphase hat dem ursprünglichen Gebäude ihren Stempel aufgedrückt, so die Renaissancezeit mit den vorgesetzten Lauben oder das Rokoko mit der Innenausstattung des prächtigen Audienzsaals.

❹ Marienkirche
Französische und flämische Kathedralen dienten der Marienkirche als Vorbild. Ihr fast 40 Meter hohes Mittelschiff gilt als höchstes Backsteingewölbe der Welt, ihre Türme ragen 125 Meter hoch auf. Der 1350 vollendete gotische Bau brannte 1942 bei einem Bombenangriff fast vollständig aus – die aus dem Turm herabgestürzten Glocken ließ man auch nach der Restaurierung als Mahnmal des Krieges liegen. Ebenfalls zu beachten: der spätgotische Marienaltar in der Marientidenkapelle, das Sakramentshäuschen, eine der größten Orgeln der Welt und die Astronomische Uhr.

❺ Buddenbrookhaus
Das schmucke Bürgerhaus mit der Rokokofassade gehörte den Großeltern des aus Lübeck stammenden Literatur-Nobelpreisträgers Thomas Mann. Neben originalgetreu gestalteten Räumen gibt ein Literaturmuseum Einblicke in Leben und Werk der Schriftsteller-Brüder Heinrich und Thomas Mann.

❻ Heiligen-Geist-Hospital
Das 1286 geweihte Hospital für Bedürftige wurde vom Lübecker Rat gestiftet. Es diente zunächst der Krankenpflege, später als Altenwohnstätte. Sein bauliches Glanzstück ist die frühgotische Hallenkirche, deren Lettner eine großartige Darstellung der Elisabeth-Legende zeigt. In den Keller-

TOP-STÄDTE

Lübeck

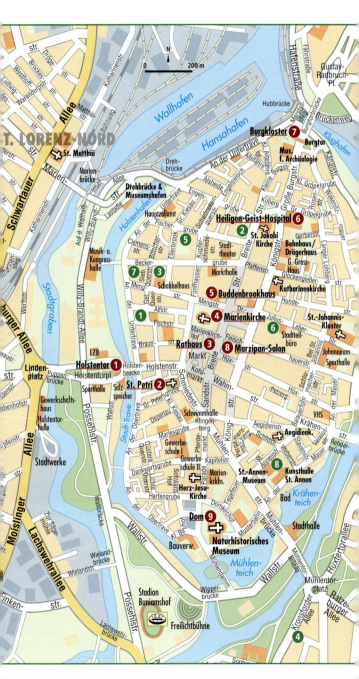

Lübeck

gewölben lädt eine Weinstube zu eher weltlichen Genüssen.

❼ Burgkloster
In der wohl bedeutendsten mittelalterlichen Klosteranlage Norddeutschlands befindet sich nach langen Zeiten einer wenig attraktiven Nutzung als Armenhaus und Untersuchungsgefängnis heute ein Kulturzentrum mit wechselnden Ausstellungen sowie einer Dauerausstellung über das Leben in der mittelalterlichen Hansestadt. Seit 2005 ist hier auch das Museum für Archäologie untergebracht.

❽ Marzipan-Salon
Über dem Café Niederegger befindet sich der Marzipan-Salon, wo die auf diese edle Leckerei spezialisierte Firma von Weltruf die Geschichte ihrer einst aus dem Orient importierten Genussware präsentiert. Hier bestaunt man die verschiedensten Möglichkeiten, Marzipan als plastischen Werkstoff einzusetzen, etwa in Form des Holstentors, einer Hansekogge oder auch von Persönlichkeiten wie beispielsweise Thomas Mann.

❾ Dom
Der mächtige Sachsenherzog Heinrich der Löwe legte 1173 den Grundstein für Lübecks romanischen Dom, der später, innerhalb einer Zeitspanne von 1226 bis 1335, zu einer gotischen Hallen umgestaltet wurde. Wie St. Marien erlitt auch der Dom im Jahr 1942 schwere Zerstörungen, doch schon in den 1950er-Jahren wurden die Türme wiederaufgebaut, um die Silhouette der Stadt Lübeck mit ihren charakteristischen sieben Türmen aufs Neue zu komplettieren. Erst im Jahr 1977 waren die Restaurierungsarbeiten abgeschlossen. Ein Meisterwerk der Gotik verdient besondere Erwähnung: das Triumphkreuz von Bernt Notke aus dem Jahr 1477.

Marienkirche – Vorbild und Vorzeigebau norddeutscher Backsteingotik.

TOP-STÄDTE

Lübeck

Essen und Trinken

❶ Brauberger
In einem romanischen Kellergewölbe, wohl dem ältesten der Stadt (1225), bietet die Brauerei süffigen Gerstensaft und deftige Speisen.
*Alfstr. 36, Tel. 04 51/714 44,
www.brauberger.de
tgl. ab 17 Uhr.*

❷ Schiffergesellschaft
Traditionshaus in der Altstadt. Die Galsträume des 1535 erbauten Gildehauses sind mit Kunstschätzen und Gegenständen aus der Seefahrt dekoriert. Am Stammtisch treffen sich noch heute Kapitäne.
*Breite Str. 2, Tel. 04 51/767 70,
http://schiffergesellschaft.com,
tgl. 10-1 Uhr.*

❸ Wullenwever
Roy Petermann lässt in der eleganten Atmosphäre eines 400-jährigen Kaufmannshauses Gaumenfreuden von bester Qualität servieren.
*Beckergrube 71,
Tel. 04 51/70 43 33,
www.wullenwever.de
Di-Sa 19–23 Uhr.*

Übernachten

❹ Hotel Kaiserhof
Man logiert in zwei Patrizierhäusern aus dem Jahre 1898 nahe dem Mühlentor. Mit dem Feinschmeckerrestaurant »Louis XIV«.
*Kronsforder Allee 11–13,
Tel. 04 51/70 33 01,
www.kaiserhof-luebeck.de*

❺ Klassik Altstadt Hotel
Die Gästezimmer sind in klassisch-romantischem Stil eingerichtet. Jedes Einzelne ist einer Lübecker Künstlerpersönlichkeit gewidmet. Im Restaurant sollte man das »Buddenbrookmenü« kosten.
*Fischergrube 52,
Tel. 04 51/70 29 80, www.
klassik-altstadt-hotel.de*

Shopping

❻ Löwen-Apotheke Lübeck
Die Löwen-Apotheke wurde 1812 im Herzen der Altstadt gegründet. Grundmauern und Nordgiebel des sie beherbergenden Gebäudes stammen noch aus dem 13. Jahrhundert. Neben Medikamenten gibt es auch Hausrezepturen.
*Dr.-Julius-Leber-Str. 13,
Tel. 04 51/754 70, www.
loewen-apotheke-luebeck.de*

**❼ Weinhandelshaus
H. F. von Melle**
Das Traditionsunternehmen wurde 1853 von einer der ältesten Lübecker Familien gegründet. Im historischen Gebäude in der Beckergrube 86 werden nicht nur Weine verkauft, sondern auch Seminare und Weinproben inklusive weiterer kulinarischer Genüsse veranstaltet.
*Beckergrube 86,
Tel. 04 51/710 50,
www.von-melle.de*

Besuchenswertes

❽ Kunsthalle St. Annen
Auf dem Gelände der ehemaligen Klosterkirche (Bauzeit 1502–1515) befindet sich eine wahre Schatzkammer historischer Sakralkunst, aber auch von religiösen Kunstwerken der Gegenwart.
*St.-Annen-Str. 15,
Tel. 04 51/122 41 37,
http://kunsthalle-st-annen.de
April–Dez. Di–So 10–17,
Jan.–März Di–So 11–17 Uhr.*

Deutsche Ostseeküste 21

TOP-STÄDTE

Rostock

Die Hanse- und Universitätsstadt ist die größte Stadt Mecklenburgs. Ihre Bedeutung als Fährhafen – von hier aus startet man nach Skandinavien und ins Baltikum – gibt Hinweise auf eine große Vergangenheit, die sich noch heute in vielen Gebäuden dokumentiert.

❶ Stadtmauer
Ein großer Teil der weitgehend aus dem 13. Jahrhundert stammenden und zur Zeit des Dreißigjährigen Kriegs erweiterten Stadtbefestigung ist einschließlich des Wehrgangs noch erhalten. Von den zahlreichen Toren und Türmen steht auch noch eine ganze Reihe – wie etwa Steintor, Kuhtor, Kröpeliner Tor und Lagebuschturm. Das Steintor erhielt seine heutige Renaissanceform im 16. Jahrhundert und zeigt zur Stadtseite eine prächtige, reich verzierte Fassade. Die Feldseite dagegen mit ihren kleinen Fenstern wirkt eher schlicht. Das in gotischem Stil errichtete Kuhtor aus dem Jahr 1262 ist das älteste der erhaltenen Tore; eine Zeit lang gab es darin sogar Wohnungen; heute hat hier das Literaturhaus Rostock seinen Sitz.

❷ Rathaus
Das ehrwürdige Gebäude erfuhr mehrere Umbauten, die sein Aussehen zum Teil ziemlich gravierend veränderten. Um 1484 wurde die Schauwand des im ausgehenden 13. Jahrhundert entstandenen Baus verlängert und mit insgesamt sieben Türmchen versehen. Die Fassade ragt nun über den barocken Vorbau aus dem Jahr 1726 hinaus, der sie jedoch weitgehend verdeckt. In Innern des Vorbaus liegt der üppig barock ausgestattete Festsaal.

❸ Marienkirche
Reiche Hansekaufleute finanzierten den Bau des größten Gotteshauses der Stadt, der um 1400 begann. Die Kirche orientiert sich in der Anlage an französischen Kathedralen – mit mächtigem Querschiff, Kapellenkranz und Chorumgang. Ihre Innenausstattung birgt einige Kostbarkeiten, so das gotische Taufbecken von 1290, den barocken Hauptaltar, den spätgotischen Rochusaltar (1530), die Renaissancekanzel und den barock inszenierten Orgelprospekt. Ein besonderes Highlight ist die in Nürnberg gebaute astronomische Uhr, die bereits seit 1472 mit ihrem Originaluhrwerk arbeitet.

❹ Hausbaumhaus
Das Interessante an diesem Haus aus dem Jahr 1490 ist weniger der gestaffelte Backsteingiebel als die Stützkonstruktion im Inneren, der es seinen Namen verdankt. Da in den Kaufmannshäusern die Lasten mittels Winden auf die Speicherböden gezogen wurden, unterlag die Statik einer starken Belastung. Deshalb verankerte man im Kellergeschoss einen extrem starken Balken, der die große Last über viele kleinere Balken (ähnlich wie die Äste eines Baums) auf die Stockwerke verteilte.

❺ Kloster Zum Heiligen Kreuz
Im Jahr 1270 als Zisterzienserinnenkloster gegründet, wurde die einzige erhaltene Klosteranlage der Stadt nach der Reformation in ein Damenstift umgewandelt. Heute befindet sich in ihren Mauern Rostocks Kulturhistorisches Museum mit einer grandiosen Sammlung historischer Kunstwerke und -

TOP-STÄDTE

Rostock

Rostock

gegenstände. Die zugehörige Kirche mit mittelalterlicher Ausstattung dient als Universitätskirche.

❻ Ständehaus
Das im Jahr 1893 im Stil des Historismus für die mecklenburgischen Landesstände erbaute Haus beherbergt das Oberlandesgericht von Mecklenburg-Vorpommern. Seine Fassade weist reiche Verzierungen auf, darunter vier Statuen, die mecklenburgische Herzöge darstellen. Das Treppenhaus prägen Mosaiken aus glasierter und aus unglasierter Keramik.

❼ Nikolaikirche
Die 1230 erbaute Kirche dient heute nicht mehr dem Gottesdienst, sondern als Konzertsaal. Im Innern des hohen Daches sind auf drei Etagen 20 Wohnungen eingebaut worden, im Turm befinden sich die Büros der Kirchenverwaltung. Die Kirche lag so nahe an der Stadtmauer, dass keine Straße dazwischenpasste. So führt ein kleines Sträßchen durch einen Schwibbogen unterhalb des Altars.

❽ Petrikirche
Sankt Petri ist die älteste und höchste Kirche Rostocks – ihr Turm erreicht immerhin 117 Meter. Die heutige dreischiffige Basilika stammt aus der Mitte des 14. Jahrhunderts. Von der originalen Innenausstattung blieb infolge der Zerstörungen im Zweiten Weltkrieg allerdings nur wenig erhalten. Auf etwa 54 Meter Turmhöhe liegt eine Aussichtsplattform, die einen fantastischen Blick über Rostock bietet. Am Petrikirchhof, direkt bei der Kirche, findet sich eine beeindruckende Reihe schöner mittelalterlicher Häuser. Vor dem Gotteshaus erinnert ein Denkmal an den Rostocker Reformator Joachim Slüter.

Blick über die Warnow zur Marienkirche.

TOP-STÄDTE

Rostock

Essen und Trinken

① Borwin
Das gemütliche Hafenrestaurant ist berühmt für seine Fischspezialitäten.
Am Strande 2, Tel. 03 81/4 90 75 25, www.borwin-hafenrestaurant.de, tgl. ab 12 Uhr.

② Cook
Benannt nach dem britischen Entdecker. Ungewöhnliche Speisen aus allen Erdteilen.
*Koßfelder Str. 15,
Tel. 03 81/364 44 37,
www.restaurant-cook.de
Mo–Sa ab 17 Uhr.*

③ Petrikeller
Erlebnisgastronomie: Mittelalterlich tafeln im Ambiente eines uralten Gewölbes.
*Hartestr. 27,
Tel. 03 81/45 58 55,
www.petrikeller.de
Di–So ab 18 Uhr.*

Übernachten

④ Hotel Die Kleine Sonne
Ein kleines, nettes Altstadthotel, das in der Nähe des Rathausmarktes gelegen ist. Fitness- und Wellnessbereich.
*Steinstr. 7,
Tel. 03 81/4 61 20,
www.die-kleine-sonne.de*

⑤ Hotel Verdi
Dieses Hotel liegt in der Rostocker Altstadt ganz in der Nähe vom Hafen.
*Wollenweberstr. 28,
Tel. 03 81/25 22 40,
www.hotel-verdi.de*

Shopping

⑥ Bernstein-Haus
In der Werkstätte dieses Hauses wird Bernstein in allen möglichen Variationen verarbeitet.
*Wollenweberstr. 46,
Tel. 03 81/490 03 70,
www.bernsteinwerkstatt.de
Mo–Sa 10–18 Uhr.*

⑦ Galerie Rostocker Hof
Insgesamt 46 Läden und Boutiquen vereint diese zweigeschossige Innenstadtpassage unter einem Dach.
*Kröpeliner Str. 26–28,
Tel. 03 81/49 74 30,
www.rostocker-hof.de
Mo–Sa 10–20 Uhr.*

Besuchenswertes

⑧ Kulturhistorisches Museum
Zu den Schwerpunkten in diesem Museum gehören mittelalterliche Kunst, Kunsthandwerk, Spielzeug, Numismatik sowie eine beachtenswerte Sammlung niederländischer Malerei.
*Klosterhof,
Tel. 03 81/20 35 90,
www.kulturhistorisches-museum-rostock.de
Di–So 10–18 Uhr.*

⑨ Universitätsplatz
Lebendiges Zentrum der Rostocker Neustadt ist der begrünte Universitätsplatz, an dem die Kröpeliner Straße, die Shoppingmeile der Stadt, vorbeiführt. In seinem Mittelpunkt steht der Brunnen der Lebensfreude, ein Ensemble von kunstvoll ineinander verschlungenen Tier- und Menschenskulpturen, entstanden im Jahr 1980.

TOP-STÄDTE

Stralsund

Die größte Stadt Vorpommerns liegt auf einer Insel in der Ostsee. In der Hansezeit landeten hier dickbauchige Koggen ihre Waren an. Heute ist Stralsund Zwischenstation für Reisende nach Rügen, das seit 2007 durch die Rügenbrücke noch besser angebunden ist.

❶ Rathaus
Bald nachdem Stralsund – im Jahr 1234 war dies – das Stadtrecht erhalten hatte, erbaute man das Rathaus. Die filigran durchbrochene Schaufassade mit ihren Türmchen wurde allerdings erst um das Jahr 1400 errichtet. Im Mittelalter diente das Gebäude nicht nur einem Zweck – in Lauben wurde auch Handel getrieben, und im Keller befanden sich Lagerräume für Waren. Heute ist das Haus, wie es sich gehört, Sitz der Stadtverwaltung.

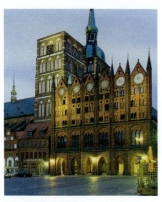

Das gotische Rathaus.

❷ Nikolaikirche
Die heutige Form der Kirche – eine dreischiffige Basilika mit Chorumgang und Kapellenkranz, aber ohne Querschiff – entstand ab 1270. Die beiden Türme waren ursprünglich gleich hoch; erst nach einem Brand im 17. Jahrhundert wurde der Südturm mit einer zeitgemäßen barocken Haube versehen. Die Innenausstattung birgt einige Kleinode mittelalterlicher Kunst, darunter mehrere Altäre – wie der Bergenfahreraltar oder der Bürgermeisteraltar –, das prachtvoll geschnitzte sogenannte Nowgorodfahrergestühl sowie eine astronomische Uhr. Den Hauptaltar gestaltete der große Barockbildhauer Andreas Schlüter aus Berlin.

❸ Johanniskloster
Im Jahr 1254 gründete der Orden der Franziskaner dieses Kloster, dessen Bau im Lauf der Jahrhunderte mehrfach erweitert wurde. Heute befindet sich hier das Stadtarchiv von Stralsund. Trotzdem stehen der Öffentlichkeit auch einige Bereiche zur Besichtigung offen: der Kreuzgang, der Kapitelsaal und die Barockbibliothek. Im Kreuzgang finden regelmäßig sehr stimmungsvolle Konzerte statt.

❹ Wulflamhaus
Bertram Wulflam, in der ersten Hälfte des 14. Jahrhunderts Bürgermeister von Stralsund, ließ sich hier am Alten Markt ein Haus im Stil der Backsteingotik mit aufwendig verziertem Giebel errichten. Im Innern blieben Wandmalereien des 15. Jahrhunderts erhalten.

❺ Katharinenkloster
Im 13. Jahrhundert gründeten Dominikaner dieses Kloster, dessen gotische Bauten fast vollständig erhalten sind. Nach der Reformation fand es Verwendung als Gymnasium, Waisenhaus, Arsenal und Zeughaus. Heute haben zwei Museen hier eine Heimat gefunden – das Deutsche Meeresmuseum und

TOP-STÄDTE

Stralsund

Deutsche Ostseeküste 27

Stralsund

das Kulturhistorische Museum. Ersteres befindet sich in der ehemaligen Katharinenkirche und präsentiert ausführliches Informationsmaterial zu Meeresforschung, Fischerei sowie Flora und Fauna der Ostsee, was in 50 Aquarien auch am lebenden Beispiel zu studieren ist. Das Kulturhistorische Museum zeigt sowohl Dokumente zur Stadtgeschichte als auch Kunstwerke wie etwa Gemälde der Romantiker Caspar David Friedrich und Philipp Otto Runge.

❻ Marienkirche

Der Hauptteil der Bausubstanz der größten Stralsunder Kirche entstand bereits im 14. und im frühen 15. Jahrhundert. Der Innenraum fasziniert vor allem durch seine Weite; große Teile der Innenausstattung gingen im Lauf der Jahrhunderte (so durch napoleonische Truppen und durch die Bombenangriffe im Zweiten Weltkrieg) verloren. Auch der Marienkrönungsaltar aus der zweiten Hälfte des 15. Jahrhunderts gehört nicht zur ursprünglichen Ausstattung. Von herausragendem Rang ist die Barockorgel des Lübecker Orgelbaumeisters Friedrich Stellwagen.

❼ Jakobikirche

Das Gotteshaus, dessen Bau sich über das 13. und das 14. Jahrhundert hinzog, ist einmal mehr ein bedeutendes Zeugnis hiesiger Backsteingotik. Sein einziger, sehr mächtige Turm erhebt sich über dem Eingangsportal. Die Kirche erlitt im Zweiten Weltkrieg schwere Schäden und wurde erst in den 1990er-Jahren sorgfältig restauriert. Heute finden darin Konzerte, Theateraufführungen, Ausstellungen und Märkte statt.

❽ Ozeaneum

Das Ozeaneum, Außenstelle des Deutschen Meeresmuseums im Hafen am Strelasund, ist als jüngster, modernster und größter Museumsbau der Stadt ein wahrer Besuchermagnet. In zahlreichen riesigen und auch etwas kleineren Aquarien wird der Lebensraum Ost- und Nordsee mit all seinen Bewohnern vorgestellt, etwa Seegraswiesen, Kreideküste, Schären- und Wattenmeer. Darüber hinaus gibt es auch Sonderausstellungen, deren Hauptgewicht auf dem Schutz des Lebensraums Meer liegt. Besonders attraktiv sind Nachbildungen gigantischer Meerestiere.

Eindrucksvoll: Blick auf den Stralsunder Hafen

Stralsund

Essen und Trinken

❶ Fischrestaurant »Zur Kogge«
In dem gepflegten und liebevoll eingerichteten Speiselokal erwarten Sie hanseatische Gemütlichkeit, Fisch vom Allerfeinsten und gutbürgerliche Küche.
Tribseer Str. 25, Di–So ab 11.30 Uhr, Tel. 038 31/28 58 50

❷ Hiddenseer Hafenkneipe
Von den Fensterplätzen des Lokals, das zum Hotel Hiddenseer gehört und nur wenige Meter vom Ozeaneum entfernt liegt, hat man einen herrlichen Blick auf den Hafen. Serviert werden regionale Speisen.
Hafenstr. 12, Tel. 038 31/289 23 90, www.hotel-hiddenseer.de, in der Saison tgl. ab 11 Uhr, sonst ab 17 Uhr.

❸ Wulflamstuben
Die Wulflamstuben sind im Wulflamhaus (14. Jh.) untergebracht. Die Küche des Gasthofes bietet deftig-rustikale Gerichte.
Alter Markt 5, Tel. 038 31/29 15 33, tgl. ab 11 Uhr, www.wulflamstuben.de

Übernachten

❹ Hotel Kontorhaus
Der im cool-maritimen Stil des Kreuzfahrtschiffausstatters Reiner Gehr errichtete Neubau befindet sich am Hafen und bietet einen tollen Blick auf den Schwedenkai.
Am Querkanal 1, Tel. 038 31/28 98 00, www.kontorhaus-stralsund.de

❺ Hotel zur Post
Das Viersternehotel zählt zu den besten Hotels Stralsunds und liegt im Altstadtkern, nahe der Kirche St. Marien.
Tribseer Str. 22, Tel. 038 31/20 05 00, www.hotel-zur-post-stralsund.de

Shopping

❻ Fischhandel & Räucherei Henry Rasmus
Rügener Hering ist die Grundsubstanz einer Stralsunder Spezialität, die sich auch hervorragend als kulinarisches Mitbringsel eignet.
Heilgeiststr. 10, Tel. 038 31/28 15 38, www.bismarckhering.com Mo–Fr 9–18, Sa 8.30 bis 12.30 Uhr.

❼ Uhrmachermeister Marcus Voss
Marcus Voss' Uhren- und Schmuckfachgeschäfte bieten Silber- und Bernsteinschmuck sowie kunstvolle Nachbildungen des legendären Hiddenseer Goldschmucks. Die Originale befinden sich heute im Kulturhistorischen Museum.
Ossenreyerstr. 37, Tel. 038 31/29 43 72, www.uhrmachermeister-voss.de Mo–Fr 9–18.30, Sa 10–16 Uhr.

Besuchenswertes

❽ Kulturhistorisches Museum
Das Kulturhistorische Museum teilt sich gemeinsam mit dem Meeresmuseum den Platz im Kloster St. Katharinen und zeigt Dauerausstellungen u. a. Archäologie.
Mönchstr. 25–27, Tel. 0 38 31/25 36 17, tgl. 10–17 Uhr http://museum.stralsund.de

SEHENSWÜRDIGKEITEN

Die Fischerei hat die Region von Kappeln bis Kiel geprägt. Auch wenn dort heute, gemessen an der Gesamtzahl der Erwerbstätigen, nur noch wenige Menschen beruflich zur See fahren, finden sich überall Spuren einer langen maritimen Tradition – von der Jagd nach dem »Brot des Meeres« bis zu Warenhandel und Seefahrt mit militärischem Hintergrund.

SEHENSWÜRDIGKEITEN

Vielfach ist inzwischen der Wassersport wichtig geworden, begünstigt durch die Form der Küste. Deren tiefe Buchten, hier Förden genannt, entstanden nach der letzten Eiszeit, als Gletschertäler sich allmählich mit Schmelzwasser füllten.

SEHENSWÜRDIGKEITEN

Schleswiger Ostseeküste

GLÜCKSBURG

»Gott gebe Glück mit Frieden« – dieser Wahlspruch Herzog Johanns des Jüngeren von Schleswig-Holstein über dem Portal von Schloss Glücksburg gab der einmalig schönen Renaissanceanlage einst ihren Namen. Der Fürst ließ das Kleinod von 1582 bis 1587 nahe der Flensburger Förde auf den Überresten eines Zisterzienserklosters errichten. Sein Baumeister Nikolaus Karies schuf die Residenz nach französischem Vorbild – mit vier oktagonalen Ecktürmen um einen quadratischen Grundriss, in der zeitweise gar Dänemarks Könige Hof hielten. Der angrenzende Park in englischem Stil ist zauberhaft, im 1991 angelegten Rosarium können über 500 Rosensorten bestaunt werden. Teile des Schlosses selbst sind als Museum zugänglich. Zu sehen gibt es z. B. die Schlosskapelle von 1717 sowie stilvolle Säle mit ausgesuchte Möbel-, Silber- und Porzellanantiquitäten aus herzoglichem Besitz. **(Karte 2, Fc10)**

Nur wenige Hundert Meter von der Flensburger Förde entfernt, liegt das Wasserschloss Glücksburg mit seinen charakteristischen achteckigen Türmen und den markanten Giebelhäusern.

FLENSBURG/FLENSBURGER FÖRDE

Zwei Ufer hat die Förde, und zweierlei Kultur gibt es in Flensburg: deutsche und dänische. Mehr als ein Fünftel der Bewohner gehört der dänischen Minderheit an, die eigene Kindergärten, Schulen, Vereine und, mit der »Flensborg Avis«, sogar eine Zeitung in ihrer Sprache nutzt. Und dann ist da noch der Rum. Dass er das Leben im Norden positiv beeinflusst, behaupten nicht nur Lobbyisten. Einst veredelten 200 Rumhäuser hier karibischen Schnaps, zwei gibt es heute noch. Allzu viele Handelsschiffe befahren heute nicht mehr die 34 Kilometer lange Förde. Wassersportlern allerdings gilt die Bucht als Dorado. An ihre maritime Tradition erinnern schwimmende Veteranen im Museumshafen, der auch Heimat des Flensburger Wahrzeichens ist: der 1908 ge-

SEHENSWÜRDIGKEITEN

Schleswiger Ostseeküste

baute Salondampfer »Alexandra« ist ein technisches Denkmal und lädt zu Ausflügen auf der Förde ein. **(Karte 2, Fd10)**

ANGELN

Zwischen der Flensburger Förde und der Schlei liegt Angeln. Diesen Namen bekam die exponierte Halbinsel, weil man hier den Ursprung des Volkstammes der Angeln vermutet. Nach Westen hin grenzt die Region an den historischen Ochsenweg, eine alte schleswig-holsteinische Fernroute von Hamburg nach Viborg. Die Landschaft von Angeln haben Kleinbauern geprägt – typisch sind kleine Gehöfte in sogenannter Drei-Seit-Bauweise und ebenso kleine Felder, durch Knicks – wie die hier typischen Hecken genannt werden – und gewundene Straßen voneinander getrennt. Seltener, aber umso beeindruckender sind die alten, prächtigen Herrenhäuser der Region, zum Beispiel die der Güter Düttebüll, Toesdorf, Drült und Dänisch Lindau, Letzteres bekannt aus der beliebten TV-Serie »Der Landarzt«. Besonders sehenswert ist zudem die kleinste Stadt Deutschlands, der Fischerort Arnis. **(Karte 2, Fd11)**

SCHLESWIG

In einer Bucht an der Schlei liegt die erstmals 804 als Sliasthorp urkundlich erwähnte Stadt. Ursprünglich ein Nachbar des bedeutenderen Wikingerortes Haithabu, trat Schleswig nach dessen Zerstörung auch sein Erbe an und stieg zum Handelszentrum auf – die Lage an der Schlei-Wasserstraße und der Ochsenweg-Fernroute war ausgesprochen günstig. Symbole einstiger Größe sind der markante gotische Dom und das im Ursprung mehr als 800 Jahre alte Schloss Gottorf, einst Sitz des dänischen Statthalters. Als Landesmuseum beherbergt es u. a. den berühmten Riesenglobus von 1664 sowie Sammlungen zu Archäologie, Kunst- und Kulturgeschichte. Ein Besuch der malerischen Fischersiedlung Holm am Rande der Altstadt führt direkt in die Vergangenheit – zwischen Friedhofskapelle und Holm-Museum stehen zahlreiche Fischerhäuser, deren Bewohner vielfach noch der Schleifischerei nachgehen. **(Karte 2, Fc13)**

AN DER SCHLEI

Wasser verbindet – besonders, wenn es nur drei Meter tief ist. Die seichte Schlei schlängelt sich 43 Kilometer von

Schleswiger Ostseeküste

Schleswig durch die Marsch bis zur Ostseemündung bei Kappeln. Der längste Fjord Schleswig-Holsteins entstand einst als Schmelzwasserrinne für die abtauenden Gletscher der letzten Eiszeit. Die Schlei gleicht einer Seenkette, verbunden durch einen Fluss – die Breite variiert zwischen 100 Metern und gut vier Kilometern. Obwohl nur wenige Brücken das Gewässer queren, pflegen die Bewohner der beiden Anrainerlande Angeln und Schwansen regen Kontakt

Fischfalle: Der Heringszaun bei Kappeln ist der letzte Europas – um 1600 gab es in der Schlei 38 dieser Reusen für das »Silber des Meeres«.

– als »Schleiregion« kooperieren sie bei übergeordneten Themen wie etwa dem Tourismus. Ihre Vorfahren, die Wikinger, gründeten vor mehr als 1200 Jahren den Handelsplatz Haithabu, heute als Grabungsstätte und Museum bekannt. Ortsnamen wie Sieseby oder Fleckeby weisen auf die einstigen Gründer hin. **(Karte 2, Fd12)**

SCHWANSEN

Drei Seiten von Schwansen grenzen ans Wasser: Das Ufer der Schlei, die Eckernförder Bucht im Süden und die Ostsee rahmen die leicht hügelige Landschaft ein. Ebenso wie das jenseitige Ufer ist das Land von kleinbäuerlichen Siedlungsstrukturen geprägt, in denen die recht prachtvollen Herrenhäuser auffallen. Größter Arbeitgeber Schwansens ist das Ostseebad Damp mit seinem bedeutenden Kurbereich. Hier steht das einzige Renaissance-Gutshaus der Umgebung – Führungen finden regelmäßig statt. Schloss Ludwigsburg wiederum ist einer der bedeutendsten Barockbauten Schleswig-Holsteins. Auf den Fundamenten einer mittelalterlichen Befestigung erbaut, beherbergt es heute ein Gestüt und ein Café. Das Schloss kann teilweise besichtigt werden, vor allem die »Bunte Kammer« mit 145 kleinen Ölgemälden aus dem 17. Jahrhundert und üppigem barockem Raumschmuck ist sehenswert. **(Karte 2, Fd13)**

SEHENSWÜRDIGKEITEN

Holstein

NORD-OSTSEE-KANAL

Die wichtigste künstliche Wasserstraße der Welt liegt in Schleswig-Holstein: Jährlich befahren 45000 Schiffe den Nord-Ostsee-Kanal zwischen Brunsbüttel und der Kieler Förde. Schon die Wikinger kannten im Prinzip diese Verbindung – allerdings mussten sie ihre Drachenboote mehrere Kilometer über Land schleppen. Ab 1784 schloss der Schleswig-Holstein-Kanal diese Lücke. Als dieser zu eng wurde, hoben 8900 Arbeiter ab 1887 in nur acht Jahren den Kaiser-Wilhelm-Kanal aus. Eine Militärstrategie hatte das Mammutprojekt beschleunigt: Eine neue deutsche Flotte sollte sowohl in der Ost- als auch in der Nordsee

Gigantische Containerschiffe wirken fast überdimensioniert groß, wenn sie an den kleinen Dörfern entlang des Nord-Ostsee-Kanals vorbeischippern. Die Strecke ist noch betriebsamer als der Panamakanal.

komplett zum Einsatz kommen können. Die heutige internationale Wasserstraße mit ihren 98,6 Kilometer Länge spart rund 740 Kilometer Seeweg um die dänische Halbinsel und beschert verblüffende Perspektiven auf Ozeanriesen inmitten von Grün. **(Karte 2, Fd14)**

KIEL

Wasser prägt die Landeshauptstadt Schleswig-Holsteins mit ihren heute etwa 230000 Einwohnern – der Naturhafen an der malerischen Fördeküste ist Ausgangspunkt für Fährtrips ins Baltikum, nach Skandinavien und Russland. Der

SEHENSWÜRDIGKEITEN

Holstein

Name der Stadt rührt vermutlich vom alten Wort »Kyle« her, das zu »Keil« wurde und die keilförmige Förde meint. Über Jahrhunderte abgeschlagen hinter Lübeck und Flensburg rangierend, verdankt Kiel seinen raschen Aufstieg im 19. und frühen 20. Jahrhundert dem Schiffbau und der Marine. Allein zwischen 1900 und 1910 hatte sich die Einwohnerzahl auf 211000 Menschen mehr als verdoppelt, 30000 davon waren Flottenangehörige. Noch heute empfängt der Stützpunkt der Bundesmarine Flottenbesuche aus aller Welt. Auch der Fährhafen, der Nord-Ostsee-Kanal und die Kieler Woche sind Bühne für ein internationales Publikum. **(Karte 2, GB15)**

LABOE, KIELER FÖRDE

Am östlichen Ufer der Kieler Förde liegt kurz vor ihrer Einmündung in die Ostsee das heute zu Kiel gehörende Laboe. Bekannt ist der Ort, dessen slawisch geprägter Name dem Sinn nach »Schwanenort« lautet, vor allem wegen des markanten hiesigen Marine-Ehrenmals. Ursprünglich sollte das 85 Meter hohe Monument, das 1927 überwiegend aus privaten Spenden finanziert wurde, an die etwa 35000 gefallenen deutschen Marineangehörigen des Ersten Weltkriegs erinnern; seit 1954 ist es Gedenkstätte für Seeleute aller Nationen, die »auf den Meeren blieben«, wie es der Deutsche Marinebund formuliert. Der Turm bietet beste Aussichten bis nach Dänemark. Zugleich dient die Anlage bis heute den Wassersportlern wie auch der Berufsschifffahrt als Ansteuerungsmarke. Wenige Meter davor ist ein deutsches U-Boot aus dem Zweiten Weltkrieg zu besichtigen. **(Karte 2, Gb14)**

Zurück von der Fangfahrt, liegen Heiligenhafens Fischkutter in der Abenddämmerung sicher am Kai fest.

SEHENSWÜRDIGKEITEN

Holstein

PROBSTEI, SELENTER SEE

Das Amt Probstei bei Schönberg war einst berühmt für seinen Kornreichtum. In Anlehnung daran finden jeden August die »Probsteier Korntage« statt. Kinder können dann im Heu toben, es finden Kutschfahrten durch die erntereifen Kornfelder statt, und kulinarische Spezialitäten »rund ums Korn« werden genussvoll probiert. Im Sommer lockt die Museumsbahn – von Schönberg in Holstein geht's bis zum Ostseestrand – Gäste an. Weiter südlich, auf halbem Weg zur Holsteinischen Schweiz, liegt der Selenter See, mit 22,4 Quadratkilometer Fläche der zweitgrößte des Bundeslandes und zum Paddeln, Segeln oder Surfen geeignet. Das Flüsschen Mühlenau verbindet ihn mit der nahen Ostsee, die hier teils eine Steilküste aufweist. Bekannt ist das Gewässer vor allem für seinen Fischreichtum: Hier tummeln sich Aale, Barsche, Hechte, Maränen und Plötzen.
(Karte 2, Gd14)

Direkt am Ufer des zweitgrößten Sees von Schleswig-Holstein stehen die typischen Fachwerk-Bauernhäuser mit Reetdach. In manchen von ihnen ist »Urlaub auf dem Bauernhof« möglich.

HOHWACHTER BUCHT, HEILIGENHAFEN

Die Region Wagrien war einst geheimnisumwittert – an der Hohwachter Bucht zwischen Kiel und der Insel Fehmarn beteten die Menschen noch bis weit ins 12. Jahrhundert heidnische Götter an. Erst mit der Unterwerfung durch die Schauenburger Grafen wurden die slawischen Siedler wohl oder übel missioniert. In diese Zeit entführt die 2003 erbaute Turmhügelburg bei Lütjenburg, präziser Nachbau einer slawischen Befestigungsanlage mit Palisaden und Wassergraben, wo Mittelalterfeste und Märkte stattfinden. Wie Lütjenburg liegt auch der Küstenort Hohwacht unweit des Großen Binnensees, durch das Flüsschen Kossau mit der Ostsee verbunden. Wenige Kilometer weiter, an der Spitze der Halbinsel Wagrien, befindet sich Heiligenhafen, das Tor nach Fehmarn. Das Städtchen mit seinem historischen Zentrum besitzt einen bedeutenden Fischereihafen sowie eine große Marina.
(Karte 2, Ha14)

SEHENSWÜRDIGKEITEN

Holstein

FEHMARN

Ein Fehmarner Sprichwort sagt, dass hier schon morgens zu sehen sei, wer nachmittags zum Kaffee kommt – so flach ist sie, die Insel, deren größte Erhebung der 27 Meter hohe Hinrichsberg ist. Ihren Charakter prägt eine Felsenküste im Osten – Dünen nebst flachen Stränden herrschen an den übrigen Ufern vor. Die ovale Insel mit 78 Kilometer Küstenlinie gehört zu den sonnenreichsten Gegenden Deutschlands. Eine Viertelmillion Gäste bestätigt dies – viele davon kommen wegen der exzellenten Surfreviere. Und ununterbrochen rollt der Transitverkehr: Über Fehmarn verläuft die Vogelfluglinie, die Lkw-Route von Mitteleuropa nach Skandinavien, vom Festland über die 1963 erbaute Fehmarnsundbrücke und weiter von Puttgarden per Fähre über den Fehmarnbelt nach Dänemark und Schweden. 2003 wurden alle Gemeinden zur Stadt Fehmarn vereint; Hauptort der Insel ist Burg. **(Karte 2, Hb13)**

NATURPARK HOLSTEINISCHE SCHWEIZ

Stille Wälder, weite Wasserflächen, Wiesen und Hecken voll von geheimem Leben – das ist die Holsteinische Schweiz mit ihren mehr als 200 Seen, etwa auf halber Strecke zwischen Lübeck und Kiel gelegen. Ihre höchste Erhebung, der Bungsberg, misst zwar nur 168 Meter, doch es führt sogar ein Schlepplift in »Deutschlands nördlichstes

Die letzte Eiszeit formte die sanfte Hügellandschaft – in den Niederungen breiten sich sumpfige Auwälder aus, ideale Refugien für seltene Tier- und Pflanzenarten.

Skigebiet«. Hier nimmt die Schwentine, mit 62 Kilometern längster Fluss Schleswig-Holsteins, ihre verschlungene Reise von See zu See bis nach Kiel in Angriff. Sie ist sogar schiffbar – die Fünf-Seen-Fahrt, die von Plön ihrem Lauf folgt, führt mitten durch eine unverbaute Landschaft. 1986

SEHENSWÜRDIGKEITEN

Holstein

wurde die Region größter Naturpark des Landes und bietet nun Seeadlern und anderen seltenen Tier- und Pflanzenarten besonderen Schutz. Erste Adresse für interessierte Besucher ist das Naturpark-Haus, die einstige Reithalle von Schloss Plön. **(Karte 2, Gd16)**

EUTIN

Eine kleine Residenz mit wunderschönen Altstadt: Rund 17000 Bewohner hat das malerische Eutin. Die einstmals slawische Siedlung erhielt bereits im Jahr 1156 das Marktrecht. Das Stadtschloss am Großen Eutiner See, aus einer Burganlage hervorgegangen, erhielt seine heutige barocke Form in den Jahren 1717 bis 1727. Das 18. Jahrhundert war

Das barocke Eutiner Schloss, von außen eher nüchtern wirkend, war im 18. und im 19. Jahrhundert eine Musenstätte. Der Dichter Friedrich Gottlieb Klopstock, der Maler Friedrich August Tischbein und der Komponist Carl Maria von Weber gingen hier ein und aus. Heute ist es als Museum jedermann zugänglich.

überhaupt Eutins Glanzzeit als Musenhof, der Dichter und Musiker anzog. Im Park, einem englischen Landschaftsgarten, ziehen im Sommer die Eutiner Festspiele mit Freilichtaufführungen populärer Opern ein großes Publikum an. Im historischen Zentrum erinnert vieles an die vergangene Kulturblüte. Ganze Straßenzüge sind baulich durch jene Ära geprägt, in der Eutin als das »Weimar des Nordens« galt. Der Marktplatz mit seiner bunten Kulisse aus Cafés und historischen Fassaden ist immer noch das Zentrum des städtischen Lebens. **(Karte 2, Gd16)**

PLÖN

Die alte Kreisstadt ist ein sozusagen von allen Wassern umgebenes Zentrum der Holsteinischen Schweiz. Plön, dessen

SEHENSWÜRDIGKEITEN

Holstein

Stadtgebiet zu 60 Prozent aus Seefläche besteht, schmückt ein Schloss aus dem 17. Jahrhundert mit bewegter Vergangenheit – unter anderem als kaiserliche Residenz und preußische Kadettenanstalt. Im überaus prachtvollen Schlosspark öffnen sich immer neue Blicke auf pure Natur, ob wild oder gestaltet. Im Herzen einer großen Seenplatte gelegen, eignet sich die fast 800 Jahre alte Stadt als Ausgangspunkt für Naturpark-Expeditionen per Boot, per Rad oder auch zu Fuß. Am und im Plöner See, mit 30 Quadratkilometern größter von mehr als 200 Seen der Holsteinischen Schweiz, haben viele Tiere ihr Zuhause gefunden. Beim Bummel durch die gemütliche einstige Residenzstadt trifft man auf einige imposante Gebäude – Zeugnisse fürstlicher Zeiten. **(Karte 2, GD16)**

RUND UM DIE LÜBECKER BUCHT

Husch, husch ins Körbchen: An kaum einer Küste findet man eine größere Menge dieser urlauberbeschützenden Strandgeflechte als hier: Die Lübecker Bucht öffnet sich trichterförmig von Südwesten, wo der Fluss Trave mündet, nach Osten zur See hin. Dank ihrer feinsandigen Strände und sanft abfallenden Ufer gehört sie zu den beliebtesten Badrevieren Deutschlands. Grömitz, Kellenhusen, Sierksdorf, Scharbeutz, Timmendorfer Strand und Travemünde sind allseits bekannte Badeorte, an deren breiten Stränden im Sommer Hochbetrieb herrscht. Da nördlich des 50. Breitengrades der Wind auch einmal kühler wehen kann, gehört der Strandkorb zum Ostsee-Badeleben dazu wie der Matjes zum Meer. Letzteren gibt es in den Fischerdörfern an der Lübecker Bucht übrigens auch fangfrisch direkt im Hafen, zünftig und sachkundig mit Brötchen und Zwiebel serviert. **(Karte 2, Ha17)**

LÜBECK: HOLSTENTOR

»Concordia Domi Foris Pax« (Drinnen Eintracht, draußen Friede) – so steht er seit 1863 in feierlichem Latein über dem Portal des Holstentores, der lübische Wahlspruch. Neben dem Burgtor ist dieses weltbekannte Bauwerk das einzige erhaltene von einst vier prachtvollen Stadttoren. Als Teil einer starken Festung wurde das Holstentor zwischen 1464 und 1478 in spätgotischem Stil erbaut. Seine 3,5 Meter dicken Mauern sollten Kanonenbeschuss standhalten, das Mauerwerk ist so schwer, dass der Untergrund nach der Erbauung wegsackte; der Südturm steht seitdem ein wenig

SEHENSWÜRDIGKEITEN

Holstein

schief. Von Kriegen verschont, wäre das Prestigetor 1855 beinahe dem Eisenbahnbau geopfert worden; mit einer Stimme sprach sich die Bürgerschaft jedoch für die Erhaltung aus. Heute ist das bekannteste Wahrzeichen Lübecks Domizil einer Hansezeit-Dokumentation. **(Karte 2, Ha18)**

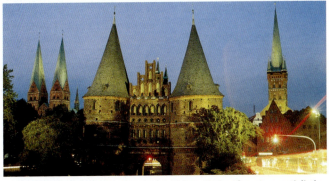

Das monumentale Holstentor hat zwei Gesichter: Nach außen eine martialische Wehranlage mit Schießscharten, zeigt es sich stadteinwärts aufgelockert mit vielen Fenstern.

LÜBECK: HISTORISCHE ALTSTADT

Eine Zeitreise ins Mittelalter unternehmen Besucher der Lübecker Altstadt. Das Backsteinensemble mit den berühmten sieben Türmen wurde 1986 ins UNESCO-Weltkulturerbe aufgenommen. Ein verwinkeltes Gassengewirr verläuft zwischen Holstentor, Burgtor und dem Dombezirk, hinter den Kaufmannshäusern und Speichern führen schmale Gänge durch die lauschigen Hinterhöfe. Neben der prachtvollen Marienkirche gibt es fünf weitere alte Gotteshäuser, das Kunstmuseum St.-Annen-Kloster sowie eines der ältesten Spitäler Nordeuropas zu besichtigen. Von St. Petri, dessen Turm als Aussichtsplattform dient, blickt man in ein Meer von Backstein, eingesunkene Dächer, Söller und Erkerchen. Dazwischen ragen die Prunkbauten des Rathauses, der Kirchen und der beiden erhaltenen Stadttore hoch empor – Monumente hansebürgerlichen Selbstbewusstseins. **(Karte 2, Ha18)**

LÜBECK: ST. MARIEN, ST. PETRI

Das Original steht in Lübeck: St. Marien ist das architektonische Vorbild für mehr als 70 Kirchen im Ostseeraum. Der

SEHENSWÜRDIGKEITEN

Holstein

Grundstein für das hochgotische Gotteshaus aus Backstein wurde bereits 1250 gelegt. Höher, größer, prachtvoller war keine andere Kirche weit und breit. Die selbstbewusste Bürgerschaft wollte sich mit dem Bau gegen das Bistum und seinen Dom – er liegt nur wenige Straßen entfernt – wortwörtlich abheben. Das höchste gemauerte Gewölbe der Welt wurde 1942, im Zweiten Weltkrieg, schwer beschädigt. An den verheerendsten Bombenangriff erinnern heute die geborstenen Glocken, die beim Brand der Türme herunterfielen – eindrucksvolles Mahnzeichen gegen den Krieg. Vom Aussichtsturm der nahen Petrikirche hat man einen einzigartigen Blick auf St. Marien und das ganze Altstadtpanorama, die Trave und, bei gutem Wetter, bis zur Ostsee. **(Karte 2, Ha18)**

LÜBECK: AN DER TRAVE

Die »Königin der Hanse« war einst mächtigste Stadt Nordeuropas – sie organisierte die Hansetage, jährliche Treffen dieses Kaufmannsbundes, und führte Kriege gegen Könige und Piraten. An die große Vergangenheit erinnern heute Museen und viele ehrwürdige Backsteinbauten. Liubice, zu Deutsch »lieblich«, war zunächst eine slawische Siedlung

Vor den Fassaden historischer Kaufmannshäuser liegen im Museumshafen auf der Untertrave restaurierte Segelschiffe.

gewesen, die jedoch im 12. Jahrhundert zerstört wurde. Graf Adolf II. von Schauenburg und Holstein gründete Lübeck 1143 auf einem Inselrücken am Zusammenfluss von Wakenitz und Trave neu. Der Zugang zum Meer im 17 Kilometer entfernten Travemünde machte es zur ersten deutschen Hafenstadt an der Ostsee. 1226 erhielt der neue Handelsplatz die Reichsfreiheit. Die Siedlung an der Trave entfaltete ihre Macht vor allem im Spätmittelalter, als lübischer Geist und Geschäftssinn weit nach Nordosten ausstrahlten. **(Karte 2, Ha18)**

SEHENSWÜRDIGKEITEN

Holstein

RATZEBURG, MÖLLN

Ratzeburg im Dreieck Hamburg-Lübeck-Schwerin ist ein Gesamtkunstwerk, geschaffen von Mensch und Natur in seltener Harmonie: Vier Seen bilden ein Kleeblatt, in dessen Mittelpunkt sich der Hügel der Stadtinsel erhebt, bekrönt vom wuchtigen Dom. Ratzeburg wurde als »Racesburg« erstmals 1062 erwähnt, den Dom ließ Sachsenherzog Heinrich der Löwe ab 1154 errichten; dazu eine Steinfestung, die vielen Belagerungen trotzte. Den Zweiten Weltkrieg überstand die historische Altstadt unbeschadet.

Mölln hat als Stadt Till Eulenspiegels schelmische Berühmtheit

Mölln, etwas südlicher ebenfalls zwischen Seen gelegen, war im Mittelalter wichtige Station an der Alten Salzstraße. Für diese Zeit stehen noch steinerne Zeugnisse wie die gotische Basilika St. Nikolai. Das Eulenspiegel-Museum, im ältesten Fachwerkhaus (1582) der Stadt residierend, erinnert an den berühmten »Narren des Volkes«, der 1350 hier verstarb. **(Karte 2, Ha20)**

NATURPARK LAUENBURGISCHE SEEN

Lauenburg ist der Name einer Stadt an der Niederelbe. Und so heißt eine historische Landschaft, die als Herzogtum im Mittelalter aus welfischem Besitz hervorging, nach allerlei Zwischenspielen später preußisch wurde und heute einen Kreis im südöstlichen Schleswig-Holstein bildet. In der eiszeitlichen Jungmoränenlandschaft dieser herrlichen Gegend mit ihren zahllosen Gewässern, Hügeln, Mooren und Feuchtwiesen liegt idyllisch der Naturpark Lauenburgische Seen. Dessen Herzstücke, der Schaalsee und der Ratzeburger See, sind durch einen Kanal miteinander verbunden. Es ist schon ein besonderes Erlebnis, hier und da Kraniche und Schwarzstörche oder, mit einer gehörigen Portion Glück, auch wohl einmal einen Seeadler in freier Natur zu beobachten – wo sonst bekommt man derlei noch geboten? Ruhe und Achtung vor der Schöpfung sollten Besucher freilich mitbringen. **(Karte 2, Ha20)**

SEHENSWÜRDIGKEITEN

Mecklenburg

KLÜTZER WINKEL

Dachte der alte Reichskanzler Otto von Bismarck an Klütz, als er spottete, beim Weltuntergang wünsche er, in Mecklenburg zu sein, weil hier alles 100 Jahre später passiere? Noch immer ist die Marienkirche höchster Punkt des 3500-Einwohner-Städtchens. So markiert sie heute wie einst die Grenzen des Klützer Winkels: Dem Volksmund nach endet der nämlich dort, wo die Kirchturmspitze außer Sicht gerät. Die Region zwischen Lübecker und Wismarer Bucht

Ein Höhepunkt der jährlichen mecklenburg-vorpommerschen Sommerfestspiele ist im Juli das große Musikfest auf Schloss Bothmer, das mit einem grandiosen Feuerwerk abschließt.

gehört zu jenen, wo während des Kalten Krieges die Zeit stillstand – was heutige Touristen erstaunt zur Kenntnis nehmen und zu schätzen wissen. Kopfsteinpflaster und Reetdächer setzen in der leicht hügeligen Natur, die von der letzten Eiszeit geformt wurde, dezente Akzente. Die nahe Küste ist vielfach unbebaut, zahlreiche Dörfer haben ihren Gutshof. Paradestück ist Schloss Bothmer, die größte Barockanlage Mecklenburgs. **(Karte 2, Hb18)**

SCHAALSEE

Das Reich der Stille liegt etwa 50 Kilometer östlich von Hamburg: Eine weite Wasserfläche breitet sich aus, am Ufer nickt das Schilf, hinter Bruchwäldern und glucksenden Tümpeln liegen uralte Dörfchen, oft aus nur einem Dutzend Häusern bestehend. Der Schaalsee ist ein Paradies – eines, das wir letztendlich der deutschen Teilung verdanken: Das 24 Quadratkilometer große Gewässer mit seinem umgebenden Ring von Feuchtgebieten und Auen liegt im einstigen Grenzgebiet und war eingezäunt. 40 Jahre lang

SEHENSWÜRDIGKEITEN

Mecklenburg

konnte die Natur tun und lassen, was sie wollte. Als die Zonengrenze 1989 Stück für Stück demontiert wurde, enthüllte sich ein einzigartiges Naturrefugium mit Seeadlern, Kranichen, Fischottern und Bibern, seltenen Amphibien und 200 Vogelarten. Seit dem Jahr 2000 genießt die 309 Quadratkilometer große Region als UNESCO-Biosphärenreservat höchsten Schutzstatus. **(Karte 2, Hb20)**

POEL

Poel ist Deutschlands jüngstes Ostseebad. Seit 2005 darf die von Flachwasser umgebene – und damit familienfreundliche! – Insel diesen Adelstitel führen. In der östlichen Wismarbucht gelegen und wie Fehmarn und Rügen durch eine Straße mit dem Festland verbunden, ähnelt Poel in der Form einem auf der Spitze stehenden Dreieck. Von Süden zieht sich eine Bucht tief ins Inselinnere – die Kirchsee, an deren Ende der Hauptort Kirchdorf liegt. Einst diente das Gestade aufgrund seiner günstigen strategischen Position im Kriegsfall hier und da anderen Mächten als Aufmarsch- und Schlachtfeld, zum Leidwesen der Bevölkerung. Wie Wismar gehörte auch Poel bis 1903 zum Königreich Schweden. Im 17. Jahrhundert erbauten die Fremden aus dem Norden bei Kirchdorf ein Schloss mit Zitadelle, von dem heute auf der überaus friedlichen Insel nur noch Fragmente existieren. **(Karte 2, Hd17)**

WISMAR

Wismar ist eine Stadt wie ein Freilichtmuseum: Nicht nur manche seiner Kirchen und Bürgerhäuser stammen wie der Marktplatz aus der Hansezeit, auch das Hafenbecken und die »Grube«, ein künstlicher Wasserweg zum Schweriner See, sind seit jener Ära nahezu unverändert. Damals liefen hier bauchige Koggen ein und aus. Das Wrack solch einer Kogge wurde 1999 vor der Insel Poel gefunden. Ihr nachgebaut ist die 31 Meter lange »Wissemara«, die seit Kurzem im Hafen liegt. Nach der Hanse- kam die Schwedenzeit: 250 Jahre gehörte Wismar

Auf Wismars gewaltigem Marktplatz steht jenes als Wasserkunst bekannte Renaissance-Bauwerk, das 1602 die Ziehbrunnen der Innenstadt ablöste.

SEHENSWÜRDIGKEITEN

Mecklenburg

politisch zum nordischen Königreich, woran Gebäude wie das barocke Zeughaus von 1701 oder das »Baumhaus«, das die Hafeneinfahrt sicherte, erinnern. Die hohen Türme der Kirchen St. Marien und St. Nikolai dienten einst Kapitänen als Seezeichen und krönen eine stets zum Meer orientierte Stadt, die heute zum UNESCO-Weltkulturerbe gezählt wird. **(Karte 2, Hd18)**

SCHWERIN

Als nach der Wende für das neue Land Mecklenburg-Vorpommern eine Hauptstadt gesucht wurde, fiel die Wahl auf das kleine Schwerin, obwohl Rostock weit größer ist. Wer die kleinste deutsche Landeshauptstadt besucht, wird es nachvollziehen – Schwerin ist nun einmal eine klassische Residenz. Mit ihrer malerischen Lage inmitten einer Seenlandschaft, mit der größtenteils restaurierten Altstadt und dem Märchenpalast auf der Schlossinsel wirkt die Stadt wie eine Filmkulisse. Seit 1990 ist das Schloss mit seinen zierlichen Türmchen und Giebelchen Sitz des Landtags – es wird hier also wieder residiert, wenn auch nicht so glanzvoll wie zu Zeiten der Herzöge von Mecklenburg-Schwerin. Das Staatstheater, die Gemäldegalerie des staatlichen Museums und, im Sommer, die unter freiem Himmel gefeierten Schlossfestspiele machen Schwerin auch zu einem kulturellen Zentrum. **(Karte 2, Hd20)**

Im 19. Jahrhundert einem an der Loire gelegenen französischen Vorbild nachempfunden, thront das Stadtschloss auf einer Insel im Schweriner See.

HEILIGENDAMM, KÜHLUNGSBORN

Sie sind kaum miteinander vergleichbar, doch jedes der Seebäder Heiligendamm und Kühlungsborn hat seine Vorzüge. Heiligendamm ist die majestätische Kronprinzessin unter den Schwestern, sein Fünf-Sterne-Plus-Grand-Hotel setzt Maßstäbe in Sachen Komfort und Lebensstil. Kühlungsborn im Westen ist nicht ganz so fein, dafür aber bunter und lebendiger: Den Endhaltepunkt der dampfbetriebenen Schmalspurbahn »Molli« schmückt eine Vielzahl von

SEHENSWÜRDIGKEITEN

Mecklenburg

zierlichen Palais und Pensionen im Stil hiesiger Bäderarchitektur, eines schöner als das andere, in vielen davon gibt es Restaurants und Geschäfte. Ganz unauffällig hinter dem Gespensterwald schließlich verbirgt sich im Osten Nienhagen, um das Duo Heiligendamm und Kühlungsborn zum Trio zu machen. Und diese Abgeschiedenheit ist ein echtes Plus: Nach Nienhagen fährt, wer wirklich Ruhe haben will. **(Karte 2, Ja16)**

BAD DOBERAN

Wer das alte Doberaner Münster betritt, wähnt sich am Mittelpunkt der Welt: Mit seiner klaren Symmetrie, die zur klösterlichen Schlichtheit passt, gehört es zu den schönsten gotischen Backsteinkirchen Norddeutschlands. Das Gotteshaus wurde 1368 geweiht, als das hiesige Zisterzienserkloster bereits 200 Jahre bestand – Kriege und die Wirren der Reformation gingen fast spurlos an der Bausubstanz vorüber. Ein – neben dem Klosterbau – weiteres prägendes Ereignis in der Geschichte Doberans, dessen Name auf das slawische »dobr« (gut) zurückgeht, ist die Bestimmung zur Ferienresidenz durch den Hof Herzog Friedrich Franz' I. von Mecklenburg-Schwerin. Im nahen Heiligendamm badete der Hofstaat seit 1793, in Doberan genoss man sommerliche Zerstreuungen wie Festmähler und Glücksspiel, ab 1822 auch den Nervenkitzel beim Pferderennen des Doberaner Rennvereins. **(Karte 2, Jb16)**

ROSTOCK

»Soebn Toern, so up dat Rathaus stan« (sieben Türme, die auf dem Rathaus stehen), so preist ein altes mundartliches Gedicht eines von sieben (mal sieben) Rostocker Wahrzeichen – und ein sehr populäres dazu. Die Türmchen an der gotischen Schmuckfassade zieren das mittelalterliche Regierungsgebäude der Hansestadt noch heute. Die ursprünglich slawische Siedlung, zwölf Kilometer landeinwärts an der Unterwarnow gelegen, galt im 14. Jahrhundert nach Lübeck als

Von der Warnow aus zeigt sich Rostocks Silhouette als aufregendes Zickzack markanter Speicher und hoher Türme.

Deutsche Ostseeküste 47

SEHENSWÜRDIGKEITEN

Mecklenburg

mächtigstes Mitglied der so mächtigen Organisation der Hanse. Beredte Zeugnisse früher Bedeutung sind Reste der Stadtbefestigung mit Kröpeliner, Kuh- und Steintor, die massige gotische Marienkirche nebst einigen markanten Speichern. Im Zweiten Weltkrieg erlitt Mecklenburgs bedeutendste Industriestadt große Zerstörungen durch Fliegerbomben, doch längst wurden viele Lücken durch Neubauten geschlossen. **(Karte 2, Jk16)**

WARNEMÜNDE

Bedeutende Kaufmannsstädte wie Lübeck, Wismar und auch Rostock wurden nicht direkt an der Küste gegründet; der Bedarf nach einem Hafen entstand erst im Hochmittelalter mit dem zunehmenden Fernhandel. So erwarb Rostock im Jahre 1323 das an der Unterwarnow gelegene Fischerdorf Warnemünde. Bis ins 19. Jahrhundert hinein blieb die Zeit in dem kleinen Ort stehen – erst als um 1820 der Badetourismus aufkam, nahm die Zahl der Sommerfrischler rasant zu. Warnemündes Attraktionen waren und sind auch heute noch der mit 150 Meter breiteste Strand der Ostseeküste und der von dort aus einmalige Blick auf die ein- und auslaufenden Frachter, Fähren und Jachten. Ganz aus der Nähe zu besichtigen sind Segelboote und Fischkutter am Alten Strom – und direkt ans Wasser grenzt die idyllische Dorfstraße »Am Strom« mit ihren bunten Cafés, Restaurants und Läden. **(Karte 2, Jk15)**

FISCHLAND

»Das Fischland ist das schönste Land der Welt«, lässt der Schriftsteller Uwe Johnson seine Protagonistin Gesine Cresspahl im Romanzyklus »Jahrestage« schwärmen. Doch das »Land« ist klein, beidseitig nagt Wasser daran. Fischland ist eine Nehrung, letztes Anhängsel Mecklenburgs, sozusagen der Wedel vom Stier im Landeswappen. Sie verläuft ab Dierhagen nordostwärts, trennt Ostsee und Saaler Bodden bis Darßer Ort – das sich bereits in Vorpommern befindet. Nur etwa fünf Kilometer also sind mecklenburgisch, mit den Orten Alt- und Niehagen, Wustrow und Barnstorf. Den ehemaligen Grenzgraben, einst direkte Verbindung zum Meer, ließen die Herren der Hansestädte Wismar, Rostock und Stralsund im Jahr 1395 zuschütten, um den Ribnitzer Konkurrenten den Zugang zu erschweren und Piraten wie Störtebeker den Fluchtweg abzuschneiden. So wurde eine Insel zu Festland. **(Karte 2, Jd14)**

SEHENSWÜRDIGKEITEN

Vorpommern

DARSS

Land und See in Bewegung: Noch vor 600 Jahren war der Darß eine Inselwildnis, die Piraten wie Klaus Störtebeker als Schlupfwinkel und Hinterhalt diente. Nach und nach versandete das Labyrinth der kleinen und großen Kanäle, doch die Ursprünglichkeit hat sich bis heute erhalten: Insbesondere der dreieckige Darß mit seinem riesigen Urwald ist ein einzigartiges Naturparadies. So wie am Weststrand mag die gesamte Ostseeküste vor 1000 Jahren ausgesehen haben: Einer der letzten Naturstrände Deutschlands zieht sich 13 Kilometer von Ahrenshoop zum

Vom Darßer Weststrand schwemmt die Ostsee ständig große Sandmengen fort und lagert sie jenseits des Leuchtturms Darßer Ort wieder ab.

Leuchtturm Darßer Ort im Norden und von dort westwärts bis nach Prerow – eine wilde Schönheit aus breitem Sandsaum, überwucherter Abbruchkante und umgestürzten Baumriesen. Dahinter liegt der Darßwald, einst Heimat der letzten Wisente und schon zur lange zurückliegenden Schwedenzeit ein Jagdrevier. **(Karte 2, Ka13)**

STRALSUND

Millionen von rechteckigen Ziegeln prägen Stralsund – ein herrliches Ensemble norddeutscher Backsteingotik. Die Stadt zählt zum UNESCO-Weltkulturerbe, sie liegt zwischen Ostsee und Greifswalder Bodden gegenüber von Rügen. Seit 1936 gibt es mit dem Rügendamm eine wetterfeste Verbindung zur größten deutschen Insel, 2007 weihte man die hightechträchtige neue Rügenbrücke ein. Der Damm führt über die Insel Dänholm, einst Strela genannt und Namensgeber der 1234 gegründeten Stadt. Zu Hansezeiten wurde Stralsund eine der mächtigsten Städte im Ostsee-

SEHENSWÜRDIGKEITEN

Vorpommern

raum; davon zeugen prächtige Bauten wie die Nikolaikirche und das Rathaus mit dem aufwendigen Schaugiebel. Im Dreißigjährigen Krieg konnte sich Stralsund gegen den Feldherrn Wallenstein verteidigen und mit den Schweden verbünden – Zeugnis dieser Ära ist z. B. das barocke Commandantenhus. **(Karte 2, Kc14)**

NATIONALPARK VORPOMMERSCHE BODDENLANDSCHAFT

Der Kranich gilt seit Urzeiten als Sendbote des Himmels. In Mecklenburg-Vorpommern kündet er im März vom baldigen Frühling. Jedes Jahr pausieren bis zu 60000 Tiere auf der Durchreise hier im Nationalpark. Kurz nach der deutschen Wiedervereinigung wurde das Schutzgebiet zwischen Darßwald und der zu Rügen gehörenden Halbinsel Bug gegründet. Das niederdeutsche Wort »Bodden« bezeichnet die flachen Küstengewässer, die für viele Tierarten einzigartige Lebensbedingungen bieten. Vor allem Kraniche benötigen die Flachwasserzonen, um darin auf ihrem Zug ins Winter- bzw. Sommerquartier Pause zu machen, denn hier sind sie vor Füchsen und anderen Räubern sicher. Der Kranich ist inzwischen zu einer Art Wappentier der Region geworden, das auch den Tourismus beflügelt: Zur Rückreise der Vögel nach Südeuropa wurde die Saison bis November verlängert. **(Karte 2, Kb13)**

HIDDENSEE

»Dat söte Länneken« wird die Insel liebevoll auf Plattdeutsch genannt, und ein süßes Ländchen ist sie wortwörtlich: Hiddensee mit den vier Orten Grieben, Kloster, Neuendorf und Vitte stellt eine eigene Welt dar, ohne Autos, Kurhaus oder Seebrücke. Knapp 1100 Menschen leben in dieser selbstauferlegten Abgeschiedenheit. Doch auch viele Auswärtige finden Gefallen daran und besuchen die Insel, um Ruhe zu finden, wie einst Gerhart Hauptmann: Der Dramatiker kaufte 1930 in Kloster das »Haus Seedorn« und genoss bis 1943 jedes Jahr die Sommerfrische. Dort erinnert eine Gedenkstätte an den Nobelpreisträger. Auf dem flachen Eiland im Nationalpark Vorpommersche Boddenlandschaft westlich von Rügen gibt es kaum Wald, dafür Salzwiesen, Schilfgürtel und Heideflächen – dort wächst auch der Sanddorn, Grundlage für Spezialitäten wie Hiddenseer Marmelade, Saft und Likör. **(Karte 2, Kc12)**

SEHENSWÜRDIGKEITEN

Rügen

KAP ARKONA

Weit in die Ostsee hinein reckt sich Kap Arkona, eine der sonnenreichsten Stellen Deutschlands. Die exponierte Lage an der äußersten Nordspitze Rügens ist vor allem für die Seefahrt bedeutsam: Wetter- und strömungsbedingt oder schlicht durch Fehlnavigation laufen hier Schiffe auf West- oder Ostkurs Gefahr, zu stranden. Kein Zufall, dass auf Kap Arkona der älteste Leuchtturm der Ostseeküste steht: der 1826 erbaute, 21 Meter hohe Schinkelturm war bis 1905 in Betrieb. Den markanten Ziegelbau auf viereckigem Grundriss hat der berühmte

Bizarr: Baumstümpfe beim Kap Arkona.

preußische Baumeister Karl Friedrich Schinkel entworfen. Direkt neben dem klassizistischen Oldtimer ragt der noch heute aktive Nachfolger auf, mit über 100 Jahren auch nicht mehr der Jüngste. Noch älter ist unweit der beiden Leuchttürme die namensgebende slawische Tempelburg Arkona, von der ein etwa 1400 Jahre alter Ringwall erhalten ist. **(Karte 4, La11)**

NATIONALPARK JASMUND: KREIDEFELSEN

Rügen besteht eigentlich aus fünf Inseln, die im Laufe der Zeit zusammenwuchsen – Jasmund ist die ursprünglichste, abgeschieden zwischen Meer und Bodden und nur über zwei Nehrungen erreichbar. In der bewaldeten Nordhälfte entstand 1990 der Nationalpark Jasmund, mit 30 Quadratkilometern der kleinste Deutschlands. Sein Kernbereich ist die Kreideküste mit den optischen und geologischen Höhepunkten Königsstuhl und Wissower Klinken in der Stubbenkammer. Die 80 Millionen Jahre alten Relikte aus der Kreidezeit sind berühmt, seit der Maler Caspar David Fried-

Millionen von Menschen zieht es jedes Jahr an Rügens Kreideküste, deren höchste Erhebung und Blickfang der 119 Meter hohe Königsstuhl ist.

Deutsche Ostseeküste

SEHENSWÜRDIGKEITEN

Rügen

rich 1818 seine »Kreidefelsen auf Rügen« schuf. Übrigens zeigt das Gemälde einen fiktiven Ort: Friedrich fertigte auf einer Reise Skizzen an, die ihn zu der Fantasiedarstellung inspirierten – getreu seinem Motto: »Schließe dein leibliches Auge, damit du mit dem geistigen Auge zuerst siehst dein Bild.« **(Karte 4, Lb12)**

SASSNITZ

»Das ist ja Capri, das ist ja Sorrent«, schwärmt Effi Briest in Theodor Fontanes berühmtem Roman während einer Mondscheinwanderung beim Anblick der Sassnitzer Bucht. Der alte Fischerhafen, die Steilküste und das Dorf auf dem Hochufer gruppieren sich gleichsam zum romantischen Bühnenbild, vor dem täglich das Schauspiel der ein- und ausfahrenden Kutter abläuft. Viele Besucher kaufen den Fisch direkt vom Schiff, wo kernige Seebären in Ölzeug schwere Plastikkisten mit Dorsch, Hering und Flunder zum Kühlhaus an Land wuchten – oder gleich zur Fabrik nebenan, wo das »Brot des Meeres« verarbeitet wird. Als östlichster deutscher Tiefwasserhafen ist Sassnitz auch Anlegestelle von Auto- und Bahnfähren nach Skandinavien, Russland und ins Baltikum. Ausflugsboote offerieren Besuchern kürzere Törns zur Kreideküste, zum Kap Arkona oder ins schmucke Ostseebad Binz. **(Karte 4, Lb12)**

Hafenimpressionen

OSTSEEBAD BINZ

Gegen 1830 wagten Gäste des Fürsten Malte zu Putbus unter den argwöhnischen Augen der Fischer vorsichtig ein paar Schritte ins Wasser der Ostsee – Baden war noch längst nicht üblich. Um 1900 erlebte das einst winzige Fischerdorf, im Jahre 1318 als »Byntze« erstmals erwähnt, dann einen gewaltigen Aufschwung: Investoren ließen in Rekordzeit Hotels hochziehen, das – 2001 wiedereröffnete – Kurhaus entstand, die 370 Meter lange Seebrücke und das Warmbad. Heute zählt Binz rund zwei Millionen Übernachtungen pro Jahr. Während südlich der Stadt die

SEHENSWÜRDIGKEITEN

Rügen

romantische Halbinsel Mönchgut liegt, ist die Prorer Wiek im Nordwesten ein Ort bedrückender Gigantomanie der Zeit des Nationalsozialismus: Dort entstand ab 1936 das Seebad Prora, eine alle Maßstäbe sprengende Ferienanlage der NS-Organisation »Kraft durch Freude«, die wie eine Kaserne für Tausende anmutet. **(Karte 4, Lc13)**

SCHLOSS GRANITZ

Es ist das Neuschwanstein Rügens: Das Jagdschloss Granitz, ein versteinerter Traum von Arkadien, gehört wie die unweit vorbeischnaufende Schmalspurbahn »Rasender Roland« zu den Wahrzeichen der Insel. Seine 145 Meter hohe,

Der 107 Meter hohe Tempelberg ist die höchste Erhebung der Granitz. Just hier ließ Fürst Wilhelm Malte I. zu Putbus sein Jagdschloss erbauen. Man speiste fürstlich im klassischen Ambiente eines stimmigen Interieurs.

zinnenbekrönte Turmspitze ist weithin zu sehen – umgekehrt lässt sich von diesem höchsten Punkt der Granitz, wie der namengebende Höhenrücken heißt, bis nach Stralsund schauen. Rügen verdankt den 1836 bis 1846 errichteten Jagdsitz wie so manches andere Bauwerk dem Fürsten Wilhelm Malte I. zu Putbus. Mit der Planung betraute dieser Johann Gottfried Steinmeyer, den Hauptturm entwarf später der schon berühmte Karl Friedrich Schinkel. Norditalienische Renaissancekastelle standen der imposanten Anlage auf dem Tempelberg sozusagen Modell. Heute befindet sich im Schloss ein Jagdsport-Museum, und oft werden hier Konzerte aufgeführt. **(Karte 4, Lb14)**

OSTSEEBÄDER SELLIN UND BAABE

Abseits der Hektik des »großen« Seebades Binz mit seinen 5500 Einwohnern liegen die kleineren Schwestern Sellin und Baabe – wie Perlen an der Schnur ziehen sie sich am

SEHENSWÜRDIGKEITEN

Rügen

feinsandigen Oststrand Rügens entlang in Richtung der Halbinsel Mönchgut. Der Ort Sellin, in dem die reizvolle Bäderarchitektur mit Prachtexemplaren aufwartet, liegt direkt am Hochufer. Von der 30 Meter hohen Steilküste führt ein Aufzug hinunter auf die Jugendstil-Seebrücke, das vor noch nicht langer Zeit wiederauferstandene Wahrzeichen des idyllischen Seebades. Das Schmuckstück Baabes, des mit knapp 900 Einwohnern kleineren Bades, ist die breite Lindenallee, die vom Bahnhof schnurgerade auf den breiten Strand zuführt. Die populäre, mit Dampfloks betriebene Schmalspurbahn »Rasender Roland« verbindet die Seebäder mit anderen touristischen Zielen wie Putbus und Schloss Granitz. **(Karte 4, Lc13)**

Von der 30 Meter hohen Steilküste, auf der Sellin liegt, hat man einen schönen Ausblick über den Badestrand und die prächtige Seebrücke.

BIOSPHÄRENRESERVAT SÜDOST-RÜGEN

Die Halbinsel Mönchgut mit ihrer verschlungenen Küste, ihren Bodden und Hügeln ist, sozusagen, eine Chiffre der gesamten Wasserlandschaft von Mecklenburg-Vorpommern. 1990 wurde hier ein Biosphärenreservat eingerichtet. Schmale Nehrungen verbinden Halbinseln zwischen flachen Boddengewässern, schroffe Steilküsten wechseln sich ab mit langen, flachen Sandstränden. Direkt hinter Binz beginnt das Schutzgebiet, zu dem die Orte Sellin, Baabe, Göhren und Putbus gehören. Auch die Zickerschen Berge, die immerhin 66 Meter hoch in den Himmel ragen, gehören dazu – mit dem romantischen Kliff am Zickerschen Höft reicht die Formation bis in den Greifswalder Bodden hinein. Trotz der strengen Reservats-Richtlinien gilt, dass Mensch und Natur in Koexistenz leben sollen; auch Tourismus ist als ressourcenschonender Wirtschaftszweig ausdrücklich erwünscht. **(Karte 4, Lb14)**

SEHENSWÜRDIGKEITEN

Östliches Vorpommern

GREIFSWALD, ELDENA

Ein starkes Interesse am Mittelalter prägt namentlich das 19. Jahrhundert. Dies trug dazu bei, dass viele Bauten jener Epoche, oder doch zumindest Fragmente davon, vor völligem Verfall bewahrt blieben. Solche Ruinen-Liebe besaß auch der große Romantiker Caspar David Friedrich, dem die monumentale Backsteinfassade der Abtei Eldena für einige mystische Gemälde von Weltrang Modell stand. Das Zisterzienserkloster, seit dem Dreißigjährigen Krieg verwaist, liegt vor den Toren von Friedrichs Geburtsort Greifswald. So geheimnisvoll und still die 800 Jahre alten Ruinen wirken, so jugendlich-lebensfroh erscheint die Studentenstadt mit ihrem mittelalterlichen Kern. Über den Fluss Ryck mit dem Meer verbunden, stieg Greifswald früh zur Hansestadt auf. An diese Tradition erinnert jeweils im Juli das Fischerfest – mit dem Gaffelrigg, einer Regatta historischer Segler, als Höhepunkt. **(Karte 4, La16)**

USEDOMS SEEBÄDER: BANSIN, HERINGSDORF, AHLBECK

Mit majestätischer Erhabenheit reihen sich die drei Kaiserbäder am breiten Strand von Usedom. Bansin, Heringsdorf und Ahlbeck haben sich den anspruchsvollen Ehrentitel selbst verliehen; er nimmt Bezug auf die wilhelminische Ära, als gekrönte Häupter hier ihre Sommerferien verbrachten und die Insel als »Badewanne Berlins« galt. 1913 stattete Kaiser Wilhelm II. dem Örtchen Ahlbeck einen Besuch ab und wurde werbewirksam auf der – bis heute original erhaltenen – Seebrücke fotografiert. Nach der

Die prächtige Seebrücke von Ahlbeck hat als einzige an der Ostseeküste die Zeiten überdauert.

Deutsche Ostseeküste

SEHENSWÜRDIGKEITEN

Östliches Vorpommern

deutschen Wiedervereinigung bekamen auch Heringsdorf und Bansin wieder Anschluss an die Bäderschifffahrt, der die Seebrücken dienen. Heute nutzt man die langgestreckten Bauten auch zu Promenade und gepflegtem Restaurantbesuch. Die in verspieltem Bäderarchitekturstil gehaltenen Hotels an der Strandpromenade stammen zumeist ebenfalls noch aus der Kaiserzeit. **(Karte 4, Ma17)**

PEENESTROM

Der Peenestrom ist eigentlich ein Meeresarm der Ostsee; die schmale Durchfahrt zwischen Usedom und dem Festland dient dem Fluss Peene sowie der Oder als Abfluss. Sandbänke, eine zumeist ruhige Strömung und ein Gemisch aus Salz- und Süßwasser – das sogenannte Brackwasser – kennzeichnen diesen etwa 20 Kilometer langen Wasserlauf. An einer der engsten Stellen des verzweigten Peenestroms liegt die kleine Stadt Wolgast, das »Tor zur Insel Usedom«. Über eine Klappbrücke, die alle vier Stunden vor allem Sportbooten die Durchfahrt ermöglicht, gelangt ein Großteil des Fremdenverkehrs in Richtung der Seebäder. Wolgast besitzt eine pittoreske Altstadt, eine Marina und einen Museumshafen. Die Zukunft entsteht einige Schiffslängen flussaufwärts: Zünftig am Schiffbauerdamm liegt die Peenewerft, wo Frachter, Marine- und Spezialschiffe gebaut und überholt werden. **(Karte 4, Ld17)**

SCHLOSS MELLENTHIN

Wenige Meter abseits der Straße nach Anklam, im Hinterland Usedoms, liegt Mellenthin. Das verschwiegene Dörfchen besitzt eines der schönsten Wasserschlösser der Region. Eine malerische Allee führt über eine Steinbrücke auf

Auf halber Strecke zum Festland liegt Mellenthin mit seiner alten Backsteinkirche. Im Kreuzrippengewölbe sind farbig gefasste Fresken erhalten geblieben.

SEHENSWÜRDIGKEITEN

Östliches Vorpommern

die kreisförmige, künstliche Insel mit dem Renaissanceschloss, das der italienische Baumeister Antonio Wilhelmi um 1575 schuf. Seit 2001 wird das Bauwerk restauriert, in den fertigen Räumen befindet sich ein Restaurant. Vom Interieur ist ein großer Kamin von 1613 erhalten, wunderschön mit farbigen Stuckornamenten versehen. Auch die Fresken im Gewölbe aus dem 14. Jahrhundert setzen Akzente. Der Erbauer des Schlosses, Rüdiger von Neuenkirchen, liegt in der Backsteinkirche Mellenthins unter einer farbigen Grabplatte. Südlich des Dorfes befindet sich die Mellenthiner Heide, wo seit 2004 mit ein Wisentreservat die Besucher lockt. **(Karte 4, Ld17)**

Usedom gehört zu den vielfältigsten Naturräumen Deutschlands. Das Achterwasser ist eine Bucht des Peenestroms.

NATURPARK INSEL USEDOM

Die grüne Insel am Meer ist seit 1999 Naturpark. Auf 632 Quadratkilometer Fläche breitet sich eine der vielfältigsten Landschaften Deutschlands aus: Hier findet man waldgesäumten Ostseestrand, dazu Salzwiesen an Brackwasser-Haff, flache Seen, Buchenwälder, Hochmoore, Dünen und allerlei Kulturlandschaften. Die Hälfte des Naturparks besteht aus Wasserfläche, ein Refugium für bedrohte Tier- und Pflanzenarten – besonders während des Vogelzuges ist die Region über Wochen Quartier für unzählige gefiederte Besucher auf der Durchreise. Dauerhaft bewohnen u. a. Seeadler, Weißstörche, Graureiher und Kraniche die Wasserlandschaft mit ihren Halbinseln und Buchten. Hier leben zudem Fischotter und seltene Amphibien wie die Glattnatter. Der Naturlehrpfad Ostseeküste erschließt viele dieser Naturräume und führt Wanderer wie Radfahrer 130 Kilometer weit über die Insel. **(Karte 4, Ld17)**

KOMPAKT

Küste ist nicht gleich Küste – jeder Abschnitt an Deutschlands nordöstlicher Wasserlinie ist unterschiedlich, von anderen geologischen Ursprüngen geprägt und von gegensätzlichen historischen Gegebenheiten begleitet. Zwischen Flensburg und Lübeck liegen tief ins Land schneidende Buchten, die Förden. Wie Perlen

auf einer Kette reihen sich die alten Seebäder entlang Mecklenburgs Küste. Auf Rügen und in Vorpommern dominieren dagegen wilde Kliffe und dichte Wälder.

KOMPAKT

Schleswiger Ostseeküste

Glücksburg

Menke Planetarium (2,Fc10)
Das kleine Menke Planetarium gehört zum Institut für Physik der Fachhochschule Flensburg. Die Vorträge und Vorführungen führen in die Weiten des Universums.
Fördestr. 37,
Tel. 04 61/805 12 73,
www. planetarium-gluecksburg.de

Alter Meierhof Hotel (2,Fc10)
Gastliches, in modernem Gutshofstil errichtetes Fünfsternehotel mit Restaurant am Meer. Gute Adresse für Wellnessurlaub an der Ostsee.
Uferstr. 1, Tel. 046 31/619 90,
www.alter-meierhof.de

Flensburg/Harrislee

Ringhotel Wassersleben (2,Fc11)
In der Nähe der deutsch-dänischen Grenze liegt dieses Haus direkt an der Flensburger Förde mit Blick von den Gästezimmern auf den Ostseestrand. Gute Küche.
Wassersleben 4,
Tel. 04 61/774 20,
www.hotel-wassersleben.de

Flensburg

Schifffahrtsmuseum (2,Fc11)
In einem 1842 erbauten Zollpackhaus befindet sich seit 1984 das Schifffahrtsmuseum, das die über 700 Jahre alte Schifffahrtsgeschichte der Stadt an der gleichnamigen Förde zum Thema hat.
Schiffbrücke 39,
Tel. 04 61/85 29 70,
www. schiffahrtsmuseum.flensburg.de
Di–So 10–17 Uhr.

Museumsberg Flensburg (2,Fc11)
In den beiden Museumsgebäuden, dem Heinrich-Sauermann-Haus und dem Hans-Christiansen-Haus, erhalten Besucher einen umfassenden Einblick in die schleswigische Kunst- und Kulturgeschichte des 13.–20. Jahrhunderts.
Tel. 04 61/85 29 56,
www.museumswerft.de
Di–So 10–17,
Mai–Okt. Do bis 20 Uhr.

Museumswerft (2,Fc11)
Das Museum bietet historische Schiffe und Boote, einen Werftrundgang und eine Hafenrundfahrt.
Schiffbrücke 43–45,
Tel. 04 61/18 22 47,
www.museumswerft-flensburg.de
Mo–Fr 8–17,
Sa, So 10–17 Uhr.

Phaenomenta (2,Fc11)
In diesem Wissenschafts- und Technikmuseum werden Naturgesetze und Naturwissenschaften auf anschauliche und allgemeinverständliche Art und Weise spannend vermittelt.
Norderstr. 157–163,
Tel. 04 61/14 44 90,
www.phaenomenta-flensburg.de
Mo–Fr 10–18, Sa, So 12–18 Uhr, Okt.–Mai Mo geschl.

Rum-Museum (2,Fc11)
Das Museum im Keller des hiesigen Schifffahrtsmuseum erzählt detailliert die Geschichte des hochprozentigen Alkohols sehr anschaulich mit Hilfe einer modernen Multimedia-Installation.
Schiffbrücke 39,
Tel. 04 61/85 29 70,
www.schiffahrtsmuseum.flensburg.de
Di–So 10–17 Uhr.

Schleswiger Ostseeküste

Dänemark-Fahrten (2,Fc11)
Der Salondampfer »Alexandra« unternimmt ab Ende Mai bis in den Oktober Ausflugsfahrten nach Dänemark.
*Schiffbrücke 22,
Tel. 04 61/212 32,
www.dampfer-alexandra.de*

Johannsen Spirituosen (2,Fc11)
Flensburg ist die bekannteste Rumstadt Deutschlands. Das älteste Rumhaus der Stadt bietet in seiner Hökerei ein umfangreiches Angebot an süßen, harten und seltenen alkoholischen Getränken und stellt einen hauseigenen Rumverschnitt nach Geheimrezeptur her. Tee- und Rumseminare sind möglich.
*Marienstr. 6, Tel. 04 61/252 00,
www.johannsen-rum.de
Mo–Fr 10–18, Sa 10–15 Uhr.*

Oeversee
Romantik-Hotel Historischer Krug (2,Fb11)
Gepflegtes Viersternehotel unterm Reetdach. Einladende »Krugtherme« im Haus.
*Grazer Platz 1,
Tel. 046 30/94 00,
www.historischer-krug.de*

Angeln
Tourist-Information der Stadt Kappeln (2,Ga12)
Die hügelige Landschaft Angeln liegt im Nordosten Schleswig-Holsteins und ist auch heute noch vorwiegend landwirtschaftlich geprägt. Angelns größte Städte sind Schleswig und Glücksburg, die kleinste Stadt Deutschlands gehört auch dazu: Arnis an der Schlei, 350 Einwohner.
*Schleswiger Str. 1,
Tel. 046 42/40 27,
www.kappeln.de*

Tolk
Tolk-Schau (2,Fc12)
Dieser Freizeitpark lockt mit Superrutschen, Achterbahnen und Booten zum ausgelassenen Freizeitvergnügen, mit Tal der Dinosaurier, Hirschpark, Sommerrodelbahn, Grillhütte, Zwergenland, Märchenwald, Kasperletheater u. v. m.
*Tol-Schau 1, Tel. 046 22/922,
www.tolk-schau.de,
Mai–Okt. tgl. 10–18 bei günstigem Wetter.*

Schleswig
Holm-Museum (2,Fc13)
Am Eingangsbereich der Fischersiedlung präsentiert das Museum mit Fotografien den Wandel des Stadtteils.
*Friedrichstr. 9–11,
www.stadtmuseum-schleswig.de/das-holm-museum
Di–So 10–17 Uhr.*

Neuwerkgarten bei Schloss Gottorf.

Schloss Gottorf (2,Fc13)
Altarplastik und Moorleiche: Unter dem Schlossdach stellen das Landesmuseum für Kunst- und Kulturgeschichte sowie das Landesmuseum für Archäologie aus. Ein Barockgarten mit Globushaus vervollständigt das hiesige Angebot des Museums.
*Tel. 046 21/81 32 22,
www.schloss-gottorf.de
Mo–Fr 10–17, Sa, So 10–18 Uhr.*

KOMPAKT

Schleswiger Ostseeküste

Stadtmuseum Schleswig (2,Fc13)
1879 begründeter Museumskomplex in vier schmucken Hofgebäuden mit stadtgeschichtlich relevanten Fotos, Gemälden, Modellen, Trachten und Fayencen.
Friedrichstr. 9–11,
Tel. 046 21/93 68 20, www.stadtmuseum-schleswig.de
Di–So tgl. 10–17 Uhr.

Wikinger-Museum (2,Fc13)
Wikingeralltag in Haithabu, einem bis ins 11. Jahrhundert bedeutenden Handelsposten an der Schlei. Zu sehen sind u. a. rekonstruierte Bauten, Schmuck und der »Haithabu-Drache«, ein hier geborgenes, 1000 Jahre altes Langschiff.
Am Haddebyer Noor 5
Tel. 046 21/81 32 22,
www.haithabu.de
April–Okt. tgl. 9–17 Uhr.

Volkskunde Museum (2,Fc13)
Das Museum in historischen Militärgebäuden auf dem Hesterberg zeigt Volkskunst und einer sehenswerte Sammlung historischer Kutschen.
Tel. 046 21/81 32 22,
www.schloss-gottorf.de
Mo–Fr 10–17, Sa So 10–18 Uhr, Nov.–März Di–Fr 10–16, Sa, So 10–17 Uhr.

Zur Schleimöwe (2, Fc13)
Das kleine Fischrestaurant liegt im alten Fischviertel Holm und kocht seit 20 Jharen Fangfrisches zur Zufriedenheit der Gäste auf. Wer bleiben will, kann sich in einer der Ferienwohnen einmieten.
Süderholmstr. 8,
Tel. 046 21/243 09,
www.schleimoewe.de,
tgl. 11.30–14 und ab 17 Uhr.

Hotel Schleiblick (2,Fc13)
Das hübsche kleine Hotel liegt zentral in der Altstadt. Das hauseigene Restaurant ist auf Fisch spezialisiert und serviert u. a. fangfrisch zubereitete Schleifische.
Hafengang 4,
Tel. 046 21/234 68,
www.hotel-schleiblick.de

Maasholm
Gemeinde Maasholm (2,Ga12)
Das Fischerdorf ist idyllisch zwischen Schleimündung und Ostsee gelegen.
Touristinformation, B119/Kreuzung Kleeholm, Tel. 046 42/62 28, www.maasholm.de

Kappeln
Schleimuseum (2,Ga12)
Einen anschaulichen Einblick in die Geschichte der Seefahrt und Fischerei bietet das Schleimuseum. Neben Schiffsmodellen, Navigationsinstrumenten und Gemälden sorgt eine große Buddelschiffsammlung für maritimes Flair.
Mittelstr. 7–8,
Tel. 046 42/14 28,
www.museen-sh.de
April–Okt.
Di–Sa 10–12.30, 13.30–17 Uhr.

Kappeln an der Schlei

KOMPAKT

Schleswiger Ostseeküste

Räucherei Friedrich Föh (2,Ga12)
Die drei markanten Schornsteine des Räuchereibetriebs sind beinahe schon ein Wahrzeichen von Kappeln. Drinnen gibt es (nicht nur geräucherte) Fischprodukte zum sofortigen Verzehr sowie Haltbares zum Mitnehmen für die Lieben daheim.
*Dehnthof 26–28, www.foeh.de
Laden: Mo–Fr 8.30–18,
Sa 8.30–16, So 11–16,
Fisch & Bierterrasse: Mo–So
11–16, im Sommer bis 18 Uhr.*

Süderbrarup
Gemeinde Süderbrarup (2,Fd12)
Eine der größten Attraktionen in diesem Erholungsort auf der Halbinsel Angeln ist der jährlich am letzten Wochenende im Juli stattfindende Brarup-Markt. Seit mehr als 400 Jahren hat die große Volksbelustigung mit Fahrgeschäften, Pferdemarkt und abendlichem Tanz nun schon Tradition. Süderbrarup ist zudem Zielort der Angelner Dampfeisenbahn, Deutschlands nördlichster Museumseisenbahn.
*Amt Süderbrarup, Königstr. 3
Tel. 046 41/780,
www.suederbrarup.de*

Damp
Wellness Centrum (2,Ga12)
Panoramaschwimmbad mit Meerwasser, Saunen, Beauty-Farm und Fitness-Gerätepark auf 3000 Quadratmetern.
*Seeuferweg 10,
Tel. 043 52/806 66,
www.damp-wellness.de*

Eckernförde
Kaffeehaus Heldt (2,Fd13)
Traditionsreiches Kaffeehaus mit eigener Konditorei. Spezialität des Hauses ist Königsberger Marzipan, aber auch das Angebot an »regulären« Kuchen und Torten ist umfangreich und lecker. In den oberen Stockwerken werden Ferienwohnungen vermietet.
*St.-Nicolai-Str. 1,
Tel. 043 51/27 31,
www.cafeheldt.de*

Aal-Fischräucherei Friedrich Föh.

Ratskeller (2,Fd13)
Im Zentrum der Eckernförder Altstadt bietet der Ratskeller bodenständige deutsche Küche und vielfältig zubereitete Fischspezialitäten.
*Rathausmarkt 8,
Tel. 043 51/24 12,
www.ratskeller-
eckernförde.de
Mi–Mo 10–15 und 17–23 Uhr.*

Schwansen
**Touristeninformation
Schönhagen (2,Ga12)**
Die Halbinsel Schwansen wird umrahmt von der Eckernförder Bucht im Süden, der Ostsee im Osten und der Schlei im Norden. Die ländliche Gegend ist ideal zum Wandern, Radfahren und Reiten.
*Strandstraße 13, Schönhagen,
Tel. 08 00/202 02 40
www.schoenhagen.de*

KOMPAKT

Schleswiger Ostseeküste

Strande
Strandhotel (2,Gb14)
Das Haus im Landhausstil mit Garten liegt gegenüber dem Hafen und der Strandpromenade. Mit Restaurant.
Strandstr. 21,
Tel. 043 49/917 90,
www.strandhotel.de

Holtsee
Käserei Holtsee (2,Fd14)
Etwa 250 regionale Milcherzeuger beliefern den Traditionsbetrieb, der überwiegend Tilsiter und Butterkäse hergestellt. Daneben werden im Holtseer Käsekeller der kleinen Meierei auch Käse- und Weinseminare gehalten.
Dorfstr. 2,
Tel. 043 57/997 10,
www.kaeserei-holtsee.de
Verkauf Mo–Fr 9–18,
Sa 8–12 Uhr.

Gettorf
Tierpark Gettorf (2,Ga14)
Rund 850 Tiere aus 150 Arten kann man in den begehbaren Gehegen und Freifluganlagen anschauen.
Süderstr. 33,
Tel. 043 46/416 00,
www.tierparkgettorf.de
April–Okt. tgl. 9–18 Uhr,
Nov.–März 10 Uhr bis Einbruch der Dunkelheit.

Neudorf-Bornstein
Landgasthof Arp (2,Ga14)
»Essen wie bei Muttern« hat sich der romantische Landgasthof zum Motto gewählt, seit 1827 ist das Haus in der beschaulichen Umgebung im Familienbesitz.
Mühlenberg 1,
Tel. 043 46/87 91,
www.landgasthof-arp.de
Mi–Sa ab 17, So ab 11 Uhr.

Rendsburg
Krügers Whiskygalerie (2,Fc15)
Thomas Krüger ist mit seiner ständigen Whiskyauktion online bekannt geworden, bei der edelste Raritäten zu haben sind. Im Ladengeschäft für »Châteaus Chocolats und Whisky« gibt es satte 225 Single Malts.
Holsteiner Str. 18–20,
Tel. 043 31/565 64,
www.eidora.com,
Mo–Fr 9–13 und 14–18,
Sa 9–13 Uhr.

Restaurant
Brückenterrassen (2,Fc15)
Gleich neben der geschwungenen Eisenbahn-Hochbrücke liegt dieses Café-Restaurant direkt am Nord-Ostsee-Kanal. Eine Besonderheit ist seine Schiffsbegrüßungsanlage, die jedes vorbeifahrende Schiff mit seiner Nationalhymne und dem Aufziehen der jeweiligen Landesflagge (»dippen«) willkommen heißt.
Am Kreishafen,
Tel. 043 31/220 02,
www.brueckenterrassen.de
tgl. 9–mind. 20 Uhr.

Hotel Pelli-Hof (2,Fc15)
Wer gern in historischem Ambiente übernachtet, ist hier genau richtig. Der Tessiner Barockbaumeister Domenico Pelli erbaute das Palais im Jahr 1722. Die elegante Atmosphäre blieb erhalten, auch wenn mittlerweile alle Zimmer mit modernem Komfort ausgestattet sind.
Materialhofstr. 1,
Tel. 043 31/222 16,
www.pelli-hof.de

Kiel-Holtenau
Schleusenanlagen (2,Gb15)
Der Nord-Ostsee-Kanal verbindet Kiel-Holtenau im Westen mit

KOMPAKT

Holstein

Brunsbüttel im Osten und ist eine der meistbefahrenen Wasserstraßen des Landes. Den Schleusenkomplex kann man von einer Aussichtsplattform aus besichtigen, die von Sonnenaufgang bis Sonnenuntergang geöffnet ist.
*Technische Marineschule,
Arkonastr. 1., Tel. 04 31/360 30
www.wsa-kiel.wsv.de.*

Kiel
Theater Kiel (2,Gb15)
Das erste Haus am Platz ist für seine innovativen Opern-, Schauspiel- und Ballettinszenierungen bekannt.
*Rathausplatz 4,
Tel. 04 31/90 19 01,
www.theater-kiel.de
Karten Di–Fr 10–19,
Sa 10–13 Uhr.*

Angestrahle Fassade des Theaters Kiel.

**Wassersportausrüster
A. W. Niemeyer (2,Gb15)**
Das Hamburger Traditionshaus betreibt deutschlandweit Filialen, eine davon in Kiel, unweit des Schifffahrtsmuseums. Auf 500 Quadratmeter Fläche bietet AWN alles Denkbare für Segeltörns und Landgänge.
*Flintbeker Str. 2,
Tel. 04 31/97 41 70,
www.awn-shop.de
März–Aug. Mo–Fr 9–19,
Sa 9–15,
Sept.–Feb. Mo–Fr 10–18,
Sa 9–14 Uhr.*

Quam (2,Gb15)
Zurückhaltende Jugendstilatmosphäre und ausgezeichnetes Speisenangebot mit mediterranen und aisatischen Anklängen.
*Düppelstr. 60,
www.quamquam-kiel.de
Tel. 04 31/851 95,
Mo–Sa 18–1 Uhr.*

Laboe
**Marine-Ehrenmal Laboe
und U-995 (2,Gb14)**
In der historischen Halle des im Aussichtsturm des 72 Meter hohen, 1927–1936 errichteten Marine-Ehrenmals wird der gefallenen Matrosen aller Länder gedacht. Neben dem Denkmal dient das begehbare U-Boot U-995 von 1943 als Technisches Museum.
*Strandstr. 92,
Tel. 043 43/49 48 49 30,
www.deutscher-
marinebund.de,
1. April–31. Okt. tgl. 9.30–18,
1. Nov.–31. März
tgl. 9.30–16 Uhr.*

Molfsee
Freilichtmuseum Molfsee (2,Ga15)
In diesem größten Freilichtmuseum Norddeutschlands stehen rund 70 wiederaufgebaute Höfe und Mühlen.
*Hamburger Landstr. 97,
Tel. 04 31/65 96 60,
www.freilichtmuseum-sh.de
ab März tgl. 9–17, Nov.–März
So 11–16 Uhr.*

Deutsche Ostseeküste

KOMPAKT

Holstein

Bärenkrug (2,Ga15)
Landgasthof mit über 400 Jahren Tradition. Das Essen schmeckt gut, ob in der Friesenstube oder im Kaminzimmer genossen.
*Hamburger Chaussee 10,
Tel. 043 47/712 00,
www.baerenkrug.de
Di–So 12–14.30, 18–22 Uhr.*

Freizeitidylle am Selenter See.

Drathenhof (2,Ga15)
Das Restaurant beim Freilichtmuseum Molfsee ist in einer Bauernstube aus dem 18. Jahrhundert untergebracht, geht kulinarisch aber deutlich über Hausmannskost hinaus.
*Hamburger Landstr. 99,
Tel. 04 31/65 08 89,
www.drathenhof.de
tgl. ab 10 Uhr.*

Schönberg (Kreis Plön)
Tourist-Service (2,Gb14)
Das Ostseebad mit historischem Ortskern hat Strände mit so exotischen Namen wie Brasilien oder Kalifornien.
*Käptn's Gang 1,
Tel. 043 44/414 10,
www.schoenberg.de*

Kindheitsmuseum (2,Gb14)
Altes Spielzeug und ein historisches Klassenzimmer wecken die Welt der Kinder früherer Tage zu neuem Leben. Daneben schaffen Sonderausstellungen wie »Kinderernährung« oder »Kinderarbeit« gesellschaftliche Bezüge.
*Knüllgasse 16,
Tel. 043 44/68 65,
www.kindheitsmuseum.de
Fr–So, Di, Mi 14–17, Do 10–12,
Mai nur So 14–17 Uhr.*

Probstei
Tourismusverband Probstei (2,Gb14)
Das Amt Probstei umfasst mehrere Gemeinden nordöstlich der Kieler Förde. Mit langen Sandstränden und einem Netz von Radwegen ist es eine ideale Urlaubsregion.
*Alte Dorfstr. 53, Probsteierhagen, Tel. 043 48/91 91 84,
www.probstei.de*

Selenter See
Touristinformation (2,Gc15)
Der fischreiche Selenter See bietet Wassersportlern viel Abwechslung: In weiten Bereichen sind Schwimmen, Rudern, Segeln und Surfen erlaubt, andere Gebiete stehen unter Naturschutz. Am nahen Passader See kann man Wasserski fahren. Ebenfalls einen Abstecher wert ist die 1842–1855 erbaute neogotische Blomenburg inmitten eines 23 Hektar großen Landschaftsparks.
*Kieler Str. 18, Tel. 043 84/670,
www.selentersee.de*

Preetz
Heimatmuseum Preetz (2,Gb15)
Das Heimatmuseum befindet sich im Erdgeschoss eines großbürgerlichen Hauses aus dem 19. Jahrhundert und zeigt die handwerklichen Spezialitäten wie Keramik, Silber und Schuhmacherei.
*Mühlenstr. 14,
Tel. 043 42/18 88,*

KOMPAKT

Holstein

*www.museum-preetz.de,
Mi, Sa, So 15–17 Uhr.*

**Preetzer Holzschuhe
Lorenz Hamann (2,Gb15)**
Lorenz Hamann ist einer der letzten verbliebenen Holzschuhmacher Norddeutschlands. Bereits in fünfter Generation betreibt er das alte Handwerk in der ehemaligen Schuhmacherstadt Preetz, in der früher etwa 300 Schuhmacher ansässig waren.
*Wakendorfer Str. 17,
Tel. 043 42/812 17,
www.preetzer-holzschuhe.de
Mo–Sa 9–13 Uhr.*

Bad Malente
Fünf-Seen-Fahrt (2,Gc16)
Die landschaftlichen Schönheiten der Region erkundet man am besten bei einer Ausflugsdampferfahrt über Dieksee, Langensee, Behlersee, Höftsee und Edebergsee. Anlegestellen gibt es in Bad Malente, Niederkleveez, Plön-Fegetasche und Timmendorf.
*Bahnhofstr. 5,
Tel. 045 23/22 01,
www.5-seen-fahrt.de
Ende April–Ende Sept.*

Petersens Schlachterei und Schinkenräucherei (2,Gc16)
Aus eigener Schlachtung stammen die Schinken und Wurstwaren, die in dem Fachwerkhaus, dekorativ an Wänden und Decken aufgehängt, zum Verkauf stehen. Sie werden nach traditionellen Hausrezepten zubereitet und sind beliebte Mitbringsel.
*Bahnhofstr. 23,
Tel. 045 23/22 96,
www.schlachterei-petersen.de
Di–Sa 7.30–18,
So 11–18 Uhr.*

Landgasthof Kasch (2,Gc16)
Der in einem traditionellen reetgedeckten Backsteinhaus untergebrachte Landgasthof liegt direkt am Kellersee, verfügt über einen eigenen Bootsanleger und ist auch per Schiff zu erreichen. Das Essen ist sehr lecker.
*Dorfstr. 60,
Timmdorf-Bad Malente,
Tel. 045 23/33 83,
www.landgasthof-kasch.de,
Mai–Sept. Di–So ab 12,
Okt.–April Mi–So 12–14 und 18–21 Uhr.*

Oldenburg in Holstein
Information im Rathaus im Bildungs- und Kulturzentrum (2,Ha15)
Die Stadt blickt auf eine lange Geschichte zurück: Schon in den Jahrhunderten zwischen 700 und 1000 war sie neben Haithabu ein überregional bedeutender Handelshafen. Im 11. und 12. Jahrhundert avancierte sie dann unter dem Namen Starigrad (alte Burg) sogar zu einer frühen slawischen Metropole, deren Ringwall bis heute erhalten ist.
*Göhler Str. 56,
Tel. 043 61/50 83 913.*

Wallmuseum (2,Ha15)
Kernstück des archäologischen Museums ist der slawische Ringwall, dessen Krone begehbar ist. Im Museum illustrieren Hafenanlage und Häuser das mittelalterliche Leben der Stadt. Gelegentlich gibt es Mitmachaktionen wie Körbeflechten oder Spinnen.
*Prof.-Struve-Weg 1,
Tel. 043 61/62 31 42,
www.oldenburger-
wallmuseum.de
1. April–31. Okt. Di–So 10–17,
Juli, Aug. auch Mo bis 18 Uhr.*

KOMPAKT

Holstein

Schönewalde am Bungsberg
Fremdenverkehrsverein (2,Ha16)
Die Attraktion des mitten im Wald gelegenen Dorfes ist Schleswig-Holsteins höchster Skiberg, der 168 Meter hohe Bungsberg, auf den sogar ein Schlepplift führt.
Mönchbusch 14,
Tel. 045 28/910 60 63,
www. schoenwalde-ostsee.de

Weißenhäuser Strand
Badeparadies (2,Ha15)
Im Badebereich kann man hinter dickem Glas im Nachbarbecken Piranhas beobachten. Oder man vergnügt sich im Wildwasserkanal oder auf der 156 Meter langen Rutsche. Dschungelplanschbereich für die Jüngsten.
Seestr. 1, Tel. 043 61/55 27 61,
http://weissenhaeuserstrand.de
tgl. 9.30–20.30 Uhr.

Heiligenhafen
Aktiv-Hus (2,Ha14)
Hier geht es um Wellness, Beauty und sportliche Aktivitäten von Bogenschießen über Klettern bis Schwimmen. Das Kinderland »Schatzinsel« bietet Spiel, Spaß und Sport für die Kleinen.
Im Ostsee-Ferienpark
Tel. 043 62/502 90 50,
www.aktiv-hus.de
Hauptbereich tgl. 10–19 Uhr.

Weinigel's Fährhaus (2,Ha14)
Ostholsteinische Speisen und Fischgerichte zaubert Chefkoch Bertram Weinigel in seinem Lokal am Hafen.
Am Yachthafen 4 b,
Tel. 043 62/76 36, www.
weinigels-faehrhaus.de
Mitte April–Anf. Okt. tgl. 11–21.30 Uhr, andere Zeiten auf Anfrage

Zum Alten Salzspeicher (2,Ha14)
Dorschfilet in würziger Kräuterhülle und weitere Spezialitäten in einem Fachwerk-Salzspeicher aus dem 16. Jh.
Am Hafen/Am Strande 3,
Tel. 043 62/28 28,
tgl. 12–15, 17–22 Uhr,
www.salzspeicher.com

Hotel Seestern (2,Ha14)
Direkt am Hafen gelegenes Hotel. Manche Zimmer gehen auf den Jachthafen.
Am Hafen,
Tel. 043 62/22 86, www.
seestern-heiligenhafen.de

Burgstaaken/Fehmarn
Lotsenhus (2,Hb13)
Das Restaurant im alten Lotsenhaus am Hafen bietet köstliche Fisch- und Fleischgerichte, im Sommer auch auf der Terrasse.
Burgstaaken 65,
Tel. 043 71/55 97,
www.lotsenhus.de

Burg/Fehmarn
Meereszentrum (2,Hc13)
Haifischbecken, Korallengarten und Rifftunnel gibt es hier in einem der größten Meerwasseraquarien Europas zu bestaunen.
Gertrudenthaler Str. 12,
Tel. 043 71/44 16,
www.meereszentrum.de
März–Ende Okt. tgl. 10–18,
Nov.–Feb- 10–16 Uhr.

Fehmaraner
Tee & Kaffee Kontor (2,Hc13)
Eine große Tee und Kaffeeauswahl ist hier zu haben. Der frischgebackene Kuchen hat sowohl wegen seiner Qualität als auch wegen der Größe der Portionen begeisterte Verehrer jeden Alters.

Holstein

*Osterstr. 45,
Tel. 043 71/66 94,
www.teekontor.com,
tgl. 10–18 Uhr.*

Inseltöpferei (2,Hc13)
Handgefertigte, formschöne Gebrauchskeramik von Keramikdesignerin Christa Bänfer und anderen lokalen Töpfern.
*Niendorfer Str. 12,
Tel. 043 71/67 75,
Di–Fr 10–12.30 und
15–18, Sa 10.30–13 Uhr.*

Kolles Fischpfanne (2, Hc13)
In uriger Umgebung wird frischer Fisch vor den Augen der Gäste zubereitet, im Sommer auch auf dem Grill im Kapitänsgarten.
*Königstr. 3, Tel. 043 72/
99 18 32, www.kollesfisch-
pfanne.de, tgl. 12–21,
Kapitänsstube 17–22 Uhr.*

Gebratene Scholle gibt es bei Kolles Fischpfanne.

Kartoffelhaus (2,Hc13)
Hier dreht sich alles um die Knolle. Vorspeisen, Hauptgerichte, selbst Pizzas werden aus und mit Kartoffeln zubereitet.
*Ohrtstr. 23,
Tel. 043 71/86 38 39,
tgl. 12–21.30 Uhr.*

Wisser's Hotel (2,Hc13)
Im Zentrum des Ortes bietet das Traditionshotel individuell eingerichtete Zimmer.
*Am Markt 21,
Tel. 043 71/31 11,
www.wissers-hotel.de*

Lemkenhafen/Fehmarn
Aalkate (2,Hc13)
Die Kneipe bietet Aal, Makrele, Lachs und Hering in allerlei Variationen. Für Nachschub sorgt die hauseigene Fischräucherei nebenan.
*Königstr. 20, Tel. 043 72/532,
www.aalkate-original-
fehmarn.de, Mai–Sept.
tgl. 9–21, sonst 9–18/19 Uhr,
Jan./Febr. geschl.).*

Eutin
Eutiner Schloss (2,Gd16)
Am Ufer des Großen Eutiner Sees steht das barocke Stadtschloss. Es beherbergt ein Museum, das ebenfalls barock mit originalen Möbeln, Kunsthandwerk und Gemälden ausgestattet ist. Im ausgedehnten Schlosspark ringsum finden alljährlich im Juli und August die Eutiner Festspiele statt.
*Schlossplatz,
Tel. 045 21/709 50,
www.museen-sh.de
Mitte Juni–Sept. Di–So 11–17,
April–Mitte Juni und
Okt. 11–15 Uhr.*

Brauhaus Eutin (2,Gd16)
Die Lokalbrauerei St. Michaelis bietet im Hausausschank selbst gebrautes Pils, Rot- und Tafelbier sowie zünftige Speisen. Bei gutem Wetter kann man im Garten sitzen.
*Markt 11, Tel. 045 21/76 67 77,
www.brauhaus-eutin.de
tgl. 11.30–23 Uhr.*

KOMPAKT

Holstein

Kneipenrestaurant Alte Mühle (2,Gd16)
Die reetgedeckte Holländermühle wurde 1850 erbaut, war bis 1938 in Betrieb und steht seit 1970 als technisches Kulturdenkmal unter Denkmalschutz. Nun ist innen eine Kneipe eingerichtet, die eine reiche Auswahl an Bieren, Weinen und Pfannengerichten bietet.
*Mühlenweg 5,
Tel. 045 21/50 42,
www.alte-muehle-eutin.de
Di–Fr ab 18 Uhr,
Sa, So ab 17 Uhr.*

Kitesurfer vor Fehmarn: Bei entsprechendem Wind geht es rasant über das Wasser.

Hotel Alte Straßenmeisterei (2,Gd16)
In den charmant moderni-sierten Gebäuden der alten Straßenmeisterei gibt es neben thematisch (maritim, Tausendundeine Nacht) gestalteten Zimmern auch Romantikzimmer mit speziellen Hochzeitsarrangements.
*Lübecker Landstr. 53–55,
Tel. 045 21/77 88 10,
www.eut-in-hotel.de*

Plön
Touristinfo Plöner See (2,Gc16)
Die Stadt Plön lässt das Herz jedes Wassersportlers höherschlagen, denn sie liegt direkt am Plöner See, dem größten See Schleswig-Holsteins, und im Norden lockt die Seenplatte des Naturparks Holsteinische Schweiz.
*Bahnhofstr. 5,
Tel. 045 22/509 50,
www.touristinfo-ploen.de*

Plöner See-Rundfahrt (2,Gc16)
Ein Naturerlebnis ist die Rundfahrt im Naturpark Holsteinische-Schweiz, zu der man vom Anleger Fegetasche oder den Anlegepunkten in Plön und auf der Prinzeninsel startet.
*Fegetasche-Strandweg,
Tel. 045 22/67 66,
www.GrossePloenerSee-Rundfahrt.de*

Hotel Stolz (2,Gc16)
Im Herzen der Stadt Plön nutzt das modern ausgestattete Hotel die historischen Gebäude des ehemaligen Pastorats am Marktplatz. Das Restaurant verarbeitet in erster Linie Bioprodukte.
*Markt 24, Tel. 045 22/503 20,
www.hotel-restaurant-stolz.de*

Grömitz
Wellenbad (2, Hb16)
Die Wiedereröffnung der Grömitzer Welle ist für Dezember 2014 geplant, bis dahin ist das »Wellarium petit« eine kleine, aber feine Alternative.
*Am Strande 7–9, Tel. 045 62/ 225 62 41, Mo–Fr 10–18,
Sa, So 11–17 Uhr.*

Zoo Arche Noah (2,Hb16)
In diesem kleinen Tierpark sind über 300 Tiere aus aller Welt vertreten. Die Kleinen lieben den Streichelzoo, die Fütterung der Seehunde und Pelikane ist ebenfalls sehenswert. Das Gehege der

KOMPAKT

Holstein

Lamas und Nandus kann sogar betreten werden. Außerdem stehen Grillplätze zur Verfügung.
Mühlenstr. 32,
Tel. 045 62/56 60,
www.zoo-arche-noah.de
März–Okt. tgl. 9–18,
Nov.–Febr. 9–17 Uhr.

Falkenthal Seafood (2, Hb16)
Steinbutt, Dorade, Hummer Langusten, Scampis, Austern, Miesmuscheln – hier wird vor allem am Wochenende das ganze Programm serviert, Ostseeblick inklusive.
Kurpromenade 6, Tel. 045 62/ 51 52, www.falkenthalseafood.de, Mo–So ab 11 Uhr.

Hotel Seemöwe (2,Hb16)
Elegante Strandvilla aus dem Jahr 1910 mit rotem Teppich zum Eingang. Die Gästezimmer sind in dezenten Farben und mit edlen Materialien ausgestattet.
Fischerstr. 3, Tel. 045 62/ 25 53 90, www.seemoewe.de

Neustadt in Holstein
Tourismus-Service (2,Ha17)
Eines der interessantesten Gebäude in der Neustädter Altstadt ist der Pagodenspeicher von 1830, der mit seinem abgetreppten Walmdach an ostasiatische Tempel erinnert, daher der Name. Auch die 1244 mit der Stadt begründete Neustädter Stadtkirche und das backsteinerne Kremper Tor mit Heimatmuseum lohnen einen Besuch.
Dünenweg 7, Tel. 045 03/779 41 80, www.neustadt-holstein.de

Sierksdorf
Hansa-Park (2,Ha17)
In Sichtweite zu Strand und Meer liegt der Freizeitpark mit elf Themenwelten, Showbühnen, Achterbahnen, Flugkarussell, Wasserbobbahn und vielen weiteren Familienvergnügungen.
Am Fahrenkrog 1
Tel. 045 63/47 40,
www.hansapark.de
April–Okt. tgl. 9–18 Uhr.

Süsel
Süsel-Touristik (2,Gd17)
Die Gemeinde bietet Wasserskibegeisterten und -sportlern als besondere Attraktion eine seilgezogene Wasserskianlage in einem nahe gelegenen Baggersee.
Kurverwaltung Sierksdorf,
Tel. 045 63/47 89 90,
www.suesel.de

Scharbeutz
Ostsee-Therme (2,Gd17)
Spaß auf etwa 12 000 Quadratmetern mit Badelandschaften, Wasserspielen, Fitnessclub und Sauna.
Strandallee 143,
Tel. 045 03/35 26 11,
www.ostsee-therme.de
tgl. 9–23,
VitaSpa Fr–So bis 21/22 Uhr.

Ahrensbök
Gemeinde Ahrensbök (2,Gd17)
Die ländlich geprägte Gemeinde aus 19 Dörfern zwischen der Ostsee und der Holsteinischen Schweiz lädt ein zum Angeln, Wandern Radfahren und Reiten.
www.ahrensboek.de

Timmendorfer Strand
Café Engel's Eck (2,Ha17)
Das Café ist einer der Treffpunkte der VIPs in Timmendorf – und für solche, die es werden wollen.
Timmendorfer Platz 3,
Tel. 045 03/20 58,
www.cafe-engels-eck.de
tgl. ab 9 Uhr.

KOMPAKT

Holstein

Hotel Villa Röhl (2,Ha17)
Eine noble Adresse sind die zwei Jugendstilvillen von 1888 ganz nahe am Strand.
Strandallee 50–52,
Tel. 045 03/88 80 00,
www.villagropius.de

Landhaus Carstens (2,Ha17)
Modernes Fachwerkhaus in der Nähe vom Strand. Die hübschen Zimmer sind geschmackvoll mit Louis-XVI- oder Biedermeiermöbeln eingerichtet. Wellnessbereich und Restaurant im Haus.
Strandallee 73,
Tel. 045 03/60 80,
www.landhauscarstens.de

Ratekau
Maritim Golfpark Ostsee (2,Gd18)
In der schönen weiten ostholsteinischen Küstenlandschaft gibt es drei frei kombinierbare 9-Loch-Golfcourses. Nebenbei bemerkt, befindet man sich beim Hemmelsdorfer See am tiefsten Punkt Deutschlands, der 44,5 Meter unter dem Meeresspiegel liegt.
Schlossstr. 14,
Tel. 045 02/777 70,
www.maritimgolfpark.de

Travemünde
Passat (2,Ha18)
Die Viermastbark »Passat« lief 1911 vom Stapel und ist eine der letzten großen Windjammer. Mit ihren 115 Meter Länge und den vier bis zu 56 Meter hohen Masten ist sie mittlerweile ein Schifffahrtsdenkmal und das weithin sichtbare Wahrzeichen von Travemünde.
Am Priwallhafen 16 a,
Tel. 045 02/99 97 28 ,
www.ss-passat.com

Lübeck-Travemünder Golf-Klub (2,Ha18)
Der im Jahr 1921 gegründete Golfklub zählt zu den traditionsreichsten in Norddeutschland. Der 27-Loch-Platz liegt inmitten eines 130 Hektar großen Geländes auf dem Steilufer hoch über der Lübecker Bucht.
Kowitzberg 41,
Tel. 045 02/ 740 18,
www.ltgk.de

Landhaus Bode (2,Ha18)
Im hübschen Landhaus Bode wird kreative Küche in Begleitung einer besonders ambitionierten Weinkarte geboten.
Fehlingstr. 67,
Tel. 045 02/88 66 00,
www.landhausbode.de
Di–So ab 18 Uhr.

Niederegger (2,Ha18)
Das Konditorei-Café ist ein Ableger des Lübecker Stammhauses. Nicht nur das Marzipan, sondern auch die anderen süßen Verlockungen sind eine Sünde wert.
Vorderreihe 56,
Tel. 045 02/20 31,
www.niederegger.de
Juli, Aug. Mo–Do 8.30–21,
Fr–So bis 22,
Sept. tgl. 9–20,
Okt. 9–19,
Nov.–Feb. 9–18 Uhr.

Wennhof (2,Ha18)
Das Hotel mit 26 komfortabel im Landhausstil eingerichteten Zimmern und sechs Appartements liegt zwischen Wald und Strand. Im Haus lädt ein gemütliches Restaurant zum Verweilen ein.
Seestr. 62, Scharbeutz,
Tel. 045 03/352 80,
www.hotel-wennhof.de

KOMPAKT

Holstein

Bad Schwartau

Stadt Bad Schwartau (2,Gd18)
Das ruhige Jodsole- und Moorheilbad liegt am gleichnamigen Fluss. Sein ältester Ortsteil Rensefeld wurde 1138 gegründet, die spätromanische Wehrkirche St. Fabian stammt aus dieser Zeit.
Markt 15, Tel. 04 51/20 00 23 34, www.bad-schwartau.de

Lübeck

Rotter Glas Manufaktur (2,Gd18)
Die in einer ruhigen Seitenstraße gelegene Manufaktur ist ein Familienbetrieb mit weltweit gutem Ruf. Rotter-Gläser werden in den Top-Geschäften der Welt angeboten. Und den Handwerker zuschauen kostet nichts.
*Elisenstr. 2,
Tel. 04 51/40 44 05,
www.rotter-glas.com
Mo–Do 10–15,
Fr 9–13 Uhr.*

Ratzeburg

Ernst-Barlach-Museum (2,Ha20)
Der Bildhauer, Schriftsteller und Zeichner Ernst Barlach (1870–1938) verbrachte seine Jugend in Ratzeburg. Im »Alten Vaterhaus« stellt ein ihm gewidmetes Museum Leben und Werk des Künstlers in den Mittelpunkt mehrerer Ausstellungen.
*Barlachplatz 3,
Tel. 045 41/37 89,
www.ernst-barlach.de
April–Nov. Di–So 11–17 Uhr.*

A. Paul Weber-Museum (2,Ha20)
Auch dem Leben und Werk des im Jahr 1893 geborenen Grafikers und Malers Andreas Paul Weber (gest. 1980 in Schretstaken ganz in der Nähe) ist in Ratzeburg ein Museum gewidmet.
*Domhof 5,
Tel. 045 41/86 07 20,
www.weber-museum.de
Di–So 10–13, 14–17 Uhr.*

Das Segelschiff »Passat« in Travemünde.

Mölln

Tourist Service (2,Gd20)
Mölln liegt an der alten Salzstraße zwischen Lübeck und Lüneburg. Seine große Bedeutung als Warenumschlagplatz im Mittelalter ist noch heute an den stattlichen Gebäuden und Bürgerhäusern zu erkennen, die die Altstadt zwischen Stadt- und Schulsee prägen. Dazu gehört z. B. das 1373 erbaute und damit zweitälteste Rathaus Schleswig-Holsteins.
Am Markt 12 , Tel. 045 42/70 90, www.moelln.de

Mecklenburg

Eulenspiegelmuseum (2,Gd20)
Till Eulenspiegel, dem Vater aller deutschen Narren, ist das Museum in einem Fachwerkhaus aus dem 16. Jahrhundert gewidmet.
*Am Markt 2,
Tel. 045 42/82 93 71,
www. moellner-museum.de
Mai–Okt. Mo–Fr 10–13 und 14–17 Uhr, Sa/So 11–17 Uhr,
Nov.–April Mo–Fr 14–16,
Sa/So 11–13 und 14–16 Uhr.*

Dassow
Schloss Lütgenhof (2,Hb18)
Das fürstliche Haus aus dem Jahr 1839 steht in einem Park am Stepenitzufer. Das heute darin eingerichtete Hotel verfügt über eine Wellnessoase und zwei Restaurants.
*Ulmenweg 10,
Tel. 03 88 26/82 50,
www.schloss-luetgenhof.de*

Klütz
Landhaus Klützer Eck (2,Hb18)
Das Haus ist über 500 Jahre alt, die Zeit als Selbstbedienungsgaststätte in der DDR hat es überlebt und präsentiert hier Mecklenburger Küche.
*Im Kaiser 12, Tel. 03 88 25/ 293 19, landhaus-kluetz.de
tgl. 11–22 Uhr.*

Zarrentin
Schaalsee (2,Hb20)
Hauptort der Schaalsee-Region ist Zarrentin mit Fischerei, Schifffahrt und Bootsverleih.
*Info- und Regionalwarenladen, Hauptstr. 15,
Tel. 03 88 51/33 34 35,
www.schaalsee-info.de
Mi–Mo 10–18 Uhr.*

Grevesmühlen
Stadt Grevesmühlen (2,Hc18)
Wahrzeichen der Stadt, einer der ältesten Siedlungen Mecklenburgs, ist die Grevesmühlener Mühle von 1878. Sehenswert sind auch die frühgotische Stadtkirche St. Nikolai aus dem 13. Jahrhundert sowie einige schöne Fachwerkhäuser aus dem 18. und 19. Jahrhundert.
Städtisches Museum, Kirchplatz 5, Tel. 038 81/72 32 60.

Poel
Poeler Forellenhof (2,Hd17)
Fischgerichte aus der hauseigenen Räucherei stehen auf der Speisekarte der rustikal eingerichteten Gaststätte, ergänzt von Schweinebraten, Schnitzel und Vegetarischem.
*Niendorf 13, Tel. 038425/4200,
www.poeler-forellenhof.de*

Wismar
Stadtgeschichtliches Museum Schabbellhaus (2,Hd18)
Das Museum der Stadt Wismar ist in einem Gebäude im Stil der niederländischen Renaissance untergebracht und zeigt Exponate und Sammlungen zur Kultur und Geschichte der Hansestadt. Neben Gemälden des 15. bis 20. Jahrhunderts sind eine Zinnsammlung und kunsthandwerkliche sowie archäologische Stücke zu besichtigen.
*Schweinsbrücke 8,
Tel. 038 41/224 31 10
www.schabbellhaus.de
Mai–Okt. Di–So 10–20,
Nov.–April Di–So 10–17 Uhr.*

Wonnemar (2,Hd18)
Wenn kalte Temperaturen ein Bad in der Ostsee unmöglich machen, bietet das Wonnemar mit verschiedenen Schwimmbecken, Wasserrutsche, Palmengarten, verschiedenen Saunamöglichkeiten und vielerlei Massagen einen ausgezeichneten

Mecklenburg

Ersatz. Gleich drei Restaurants bemühen sich um die Gäste.
*Bürgermeister-Haupt-Str. 38,
Tel. 038 41/327 60,
www.wonnemar.de
Okt.–April tgl. 10–22,
Mai–Sept. tgl. 10–21 Uhr.*

Rudolph-Karstadt-Museum (2,Hd18)
Eine architektonische Sehenswürdigkeit ist das 1907 in Stahlskelettbauweise errichtete Stammhaus der Kaufhauskette, das noch heute in Betrieb ist. Das Rudolph-Karstadt-Museum im Warenhaus würdigt den Gründer und zeigt Arbeitsmittel aus den Anfangsjahren.
*Rudolph-Karstadt-Platz 1,
Tel. 038 41/23 00,
Mo–Sa 9.30–19 Uhr.*

Schwerin
Staatstheater (2,Hd20)
Opern, Operetten, sinfonische Konzerte und Musicals stehen auf dem Spielplan.
*Alter Garten 2,
Tel. 03 85/530 00,
www.theater-schwerin.de*

Heiligendamm
Grand Hotel (2,Jb16)
Ein prächtiges Hotelensemble in Deutschlands ältestem Seebad. Mit Luxus ausgestattet, in einer Architektur des Fin-de-Siècle-Stils.
*Prof.-Dr.-Vogel-Straße 6,
Tel. 03 82 03/74 00,
www.grandhotel-heiligendamm.de*

Kühlungsborn
Bäderbahn »Molli« (2,Ja16)
Der Dampfzug fährt im Liniendienst zwischen Doberan und Kühlungsborn.
www.molli-bahn.de

Vielmeer (2,Ja16)
Eventgastronomie direkt an der Marina gelegen. Zu essen gibt es eine große Auswahl an Fisch- und anderen mediterran zubereiteten Gerichten.
*Am Yachthafen,
Tel. 03 82 93/417 41,
www.vielmeer.com
So–Do 11–22,
Fr, Sa 11–1 Uhr.*

Aquamarin (2,Ja16)
Strandhotel mit jeglichem Komfort. Wellnessbereich, Restaurant, Bar und Irish Pub.
*Hermannstr. 33,
Tel. 03 82 93/40 20,
www.hotel-aquamarin.de*

Hotel Schweriner Hof (2,Ja16)
Direkt an der Ostsee gelegener Hotelneubau mit separatem Appartementhaus in der benachbarten gründerzeitlichen Villa Norden.
*Ostseeallee 46,
Tel. 03 82 93/790,
www.schwerinerhof.de*

Bad Doberan
Stadt- und Bädermuseum (2,Jb16)
Das Museum, das in dem 1886–1888 errichteten backsteinernen Möckelhaus neben dem Westtor untergebracht ist, lädt zu einer vergnüglichen Modenschau aus 200 Jahren Bädergeschichte ein. Auch die Geschichte der vor Ort so wichtigen Zisterzienser wird dokumentiert.
*Beethovenstr. 8,
Tel. 03 82 03/620 26,
www.stadtmuseum.moeckelhaus.de
Mitte Mai–Mitte Sept. Di–Fr 10–12 und 13–17, Sa, So 12–17, Sept.–Mai Di–Fr 10–12 und 13–16, Sa 12–16 Uhr.*

Mecklenburg

Restaurant/Café
Weisser Pavillon (2,Jb16)
Der Weiße Pavillon wurde in den Jahren 1810–1813 in großherzoglichem Auftrag als Musiksaal erbaut und zeigt leichte Anklänge an die damalige China-Mode. Heute sind hier ein Café und Restaurant untergebracht, das im turmähnlichen Obergeschoss auch Hochzeiten gestaltet.
Auf dem Kamp,
Tel. 03 82 03/623 26,
www.weisser-pavillon.de
tgl. ab 12 Uhr,

Rostock
Kunsthalle (2,Jc16)
Die städtische Kunsthalle ist deutschem Kulturschaffen des 20. und 21. Jahrhunderts gewidmet, zusätzlich gibt es Sonderausstellungen.
Hamburger Str. 40,
Tel. 03 81/381 70 08,
www.kunsthallerostock.de
Di–So 11–18 Uhr.

Warnemünde
Heimatmuseum (2,Jc15)
In einem alten, denkmalgeschützten Fischerhaus aus der zweiten Hälfte des 18. Jahrhunderts werden Lokalgeschichte und Kultur des Seebades in anschaulicher Weise präsentiert. Natürlich dürfen hier Ausstellungsstücke zur Fischerei und Seefahrt nicht fehlen. Alles in allem erhalten Besucher einen lebendigen Eindruck von dem oft entbehrungsreichen Leben der einfachen Warnemünder Bürger im 19. Jahrhundert.
Alexandrinenstr. 30/31,
Tel. 03 81/526 67,
www.heimatmuseum-
warnemuende.de
April–Sept. Di–So 10–18,
Okt.–März Di–So 10–17 Uhr.

Fischland
Tourismusverband Fischland Darß Zingst e. V. (2,Ka13)
Fischland verbindet die Festlandsregion Darß mit der Halbinsel Zingst. Besucher schätzen hier die kilometerlangen Strände mit Ostseebädern wie Dürrhagen, Ahrenshoop oder Wustrow, begleitet von Bodden, Wäldern und Wiesen.
Barther Str. 16, Löbnitz,
Tel. 038 324/64 00,
www.fischland-darss-zingst.de

Kunstkaten in Ahrenshoop: traditionsreiche Galerie für norddeutsche Künstler.

Vorpommern

Klockenhagen
Freilichtmuseum (2,Jd15)
Einst vom Verfall bedrohte Bauernhäuser werden auf dem etwa sieben Hektar großen Gelände rekonstruiert und sind zu besichtigen. Auch werden alte Handwerke vorgeführt.
Mecklenburger Str. 57,
Tel. 038 21/27 75,
www.freilichtmuseum-klockenhagen.de
April–Mai und Okt. tgl. 10–17,
Juni–Sept. bis 18 Uhr.

Museumsrestaurant Up dei Däl (2,Jd15)
Das Restaurant des Freilichtmuseums Klockenhagen befindet sich in einem Wohnhaus aus dem Jahr 1671. Hier kommt traditionelle mecklenburgische Küche auf den Tisch, und das heißt deftige Gerichte, wie zum Beispiel Bauernfrühstück und Kartoffelgerichte.
Mecklenburger Str. 57.

Marlow
Vogelpark Marlow (2,Ka16)
Ein Besuch des 20 Hektar großen Parks bietet Einblicke in die bunte Vogelwelt aller Kontinente: Pinguine, Papageien, Eulen und Flamingos sind hier zu Hause, um nur einige zu nennen. Falkner erklären das Leben von Greifvögeln, und im Rahmen einer Tiershow kann man viele der Vögel hautnah erleben.
Kölzower Chaussee,
Tel. 03 82 21/265,
www.vogelpark-marlow.de
29.März–3.Nov. tgl. 9–19 (Kassenschluss 17), Nov.–März tgl. 10–16 Uhr.

Landhaus Schloss Kölzow (2,Ka16)
Nur wenige Kilometer südlich von Marlow liegt dieses prachtvolle Schlosshotel, dass es seinen Gästen erlaubt, sich als Schlossherren auf Zeit zu fühlen. Schloss Kölzow entstand in der heutigen Form in der Mitte des 19. Jahrhunderts, älteste Teile datieren jedoch aus dem 13. Jahrhundert. Ein Spaziergang im Park ist Entspannung pur.
Am Park 5,
Tel. 03 82 28/61 90,
www.schloss-koelzow.de

Ahrenshoop
Bunte Stube (2,Jd14)
Im Zentrum von Ahrenshoop finden in dem 1929 gestalteten Haus mit den runden Ecken Ausstellungen und Lesungen statt; daneben Verkauf von Kunsthandwerk.
Dorfstr. 24,
Tel. 03 82 20/238,
www.bunte-stube.de
Mai–Okt. Mo-Sa 10–18,
So 13–17,
Feb.–April Di-Sa,
Nov.–Jan. Do-Sa 11–17 Uhr.

Kunstkaten (2,Jd14)
Eine der ältesten Galerien in Norddeutschland: 1909 zeigten Ahrenshooper Maler hier erstmals ihre Werke. Heutzutage wechseln Ausstellungen und Dokumentationen ab.
Strandweg 1,
Tel. 03 82 20/803 08,
www.kunstkaten.de,
tgl. 10–13 und 14–18 Uhr.

Namenlos & Fischerwiege (2,Jd14)
Das Namenlos & Fischerwiege zählt für Gourmets zu den besten Restaurants an der Ostseeküste.
Am Schifferberg,
Tel. 03 82 20/60 62 00,
www.hotel-namenlos.de

KOMPAKT

Vorpommern

Elisabeth von Eicken (2,Jd14)
In einem ehemaligen Künstlerhaus wurde dieses kleine Hotel mit einem ausgezeichneten Restaurant eingerichtet.
Dorfstr. 22,
Tel. 03 82 20/679 70,
www.seezeichen-hotel.de

Hotel Haus am Meer (2,Jd14)
Das ehemalige Fischerhaus verfügt über 24 behaglich und frisch eingerichtete Gästezimmer mit Aussicht.
Dorfstr. 36,
Tel. 03 82 20/679 90,
www.haus-am-meer-ahrenshoop.de

Wieck/Darß
Darßer Arche (2,Ka13)
Nationalpark- und Gästezentrum, dessen Galerie »Künstlerdeck« zur Förderung regionaler Künstler verschiedenster Gewerke beiträgt.
Bliesenrader Weg 2,
Tel. 03 82 33/703 80,
www.darsser-arche.de
Mai–Okt. tgl. 10–18,
Nov.–April Do–Sa 10–16 Uhr.

Töpferei am Müggenberg (2,Ka13)
In ihrer Töpferei stellt Annette Korn Keramik in den Farben des Meeres her: Türkis, Wassergrün, Blaugrau.
Müggenberg 9,
Tel. 03 82 33/697 16,
www.muschelkeramik.de
in der Saison tgl. ab 11 Uhr.

Haferland (2,Ka13)
Das gemütliche, allein gelegene Hotel besteht aus drei miteinander verbundenen Reetdachhäusern, in denen auch das Restaurant »Gute Stube« untergebracht ist.
Bauernreihe 5 a,
Tel. 03 82 33/680,
www.hotelhaferland.de

Gasthaus Nordkate (2,Ka13)
In einer gepflegten, sehr traditionellen Atmosphäre wird gutbürgerliche Küche serviert. Daneben werden unter dem anheimelnden Reetdach die beiden nach ihrer Einichtung »Blau« und »Rot« genannten Zimmer vermietet.
Nordkaten 1 a,
Tel. 03 82 33/697 67,
www.gasthaus-nordkate.de

Prerow
Darß-Museum (2,Ka13)
In einem schönen Park liegt dieses Museum, das über die geomorphologische Entstehung der Ostseeküste und die Heimatgeschichte von Prerow und Umgebung informiert.
Waldstr. 48
Tel. 03 82 33/697 50,
Mai–Okt. Di–So 10–18,
Nov.–März Fr–So 13–17 Uhr,
Kindermuseumswerkstatt
Juli–Sept. Mi 14 Uhr,
http://foerderverein-darss-museum.de

Binnen un Buten (2,Ka13)
Die Speisekarte bietet reichlich Fisch- und Fleischgerichte. In den Sommermonaten sitzt es sich wunderbar im Biergarten inmitten des Dünenwaldes. An manchen Abenden werden Gäste mit Live-Musik unterhalten.
Hauptübergang,
Tel. 03 82 33/601 88,
www.binnen-un-buten.de

Darßer Leuchtturm (2,Ka13)
In einem Fachwerkhaus mit maritimer Einrichtung überrascht es nicht, dass ein großer Teil der Speisekarte den Fischgerichten gewidmet ist. Wer keinen Fisch mag, muss auch nicht darben, Fleischge-

KOMPAKT

Vorpommern

richte und vegetarische Speisen sind ebenfalls im Angebot und schmecken ausgezeichnet.
Waldstr. 5 a,
Tel. 03 82 33/448,
www.darsser-leuchtturm.de

Waldschlösschen (2,Ka13)
Das Hotel ist in einer ehemaligen Fabrikantenvilla aus der Kaiserzeit mit Nebenhäusern in einem Park am Waldrand untergebracht.
Bernsteinweg 9,
Tel. 03 82 33/61 70,
www.waldschloesschen-prerow.de

Wohnschiff Störtebeker (2,Ka13)
Ein Feriendomizil der besonderen Art bietet dieses Schiff. Bis zu 14 Personen finden in den insgesamt sieben Schiffskabinen Platz.
Prerow-Strom,
www.natur-raum-darss.de

Zingst
Schlösschen Sundische Wiese (4,Kb13)
Wer den Nationalpark Vorpommersche Boddenlandschaft erkunden will, findet in diesem Apartmenthotel am Nationalparkeingang den idealen Ausgangspunkt dafür.
Landstr. 19,
Tel. 03 82 32/81 80,
www.hotelschloesschen.de

Sealords-Restaurant (4,Kb13)
Im Vorgarten begrüßen den Gast ausrangierte Schiffsgeschütze, der Gastraum »Unter Deck« ist als Kapitänskajüte gestaltet, von den Wänden sehen die Porträts berühmter Seefahrer den Gourmets beim Dinieren zu. Die Speisekarte ist international, insbesondere werden zahlreiche Fischgerichte angeboten.
Hafenstr. 21,
Tel. 03 82 32/164 92,
www.sealords-zingst.de

Steigenberger Strandhotel Zingst (4,Kb13)
Das moderne Viersternehotel im Stil der repräsentativen Bäderarchitektur befindet sich direkt an der Seebrücke Zingst.
Seestr. 60,
Tel. 03 82 32/84 21 00,
www.steigenberger.com

Barth
Vineta-Museum (4,Kb14)
In einem ehemaligen Kaufmannshaus aus dem 18. Jahrhundert be-

Hotel Waldschlösschen in Prerow.

findet sich dieses sehenswerte Museum. Es informiert zum einen über die sagenhafte untergegangene Stadt Vineta an der Ostseeküste, zum anderen auch in Sonderausstellungen über reale regionalgeschichtliche Ereignisse und Strömungen.
Lange Str. 16,
Tel. 03 82 31/817 71,
www.vineta-museum.de
Mo–Fr 10–17, Sa, So 11–17 Uhr, Okt.-Juni Mo geschl.

Deutsche Ostseeküste

KOMPAKT

Vorpommern

Restaurant Anderswie (4,Kb14)
In Bresewitz, dem nördlichen Nachbarort von Barth, setzt sich dieses Restaurant in Ausstattung und Küche bewusst von der häufig herrschenden Seemannsromantik ab. Die Einrichtung verbreitet das Flair der 1980er-Jahre, die Speisekarte ist international.
Hauptstr. 12, Bresewitz
Tel. 03 82 31/668 29,
www.anderswie.de
tgl. ab 16 Uhr.

Hotel »Stadt Barth« (4,Kb14)
Das Hotel mit seinen 39 Zimmern liegt im Herzen der Kleinstadt Barth. Zum Service gehören auch Arrangements, die beispielsweise einen Besuch bei den Kranichen oder eine Bootsfahrt auf dem Barther Bodden beinhalten.
Lange Str. 60,
Tel. 03 82 31/623,
www.hotel-barth.de

Stralsund

Meeresmuseum (4,Kd14)
Das größte maritime Museum Mitteleuropas und das größte Naturkundemuseum Norddeutschlands beherbergt u. a. in naturnahen Habitaten zahlreiche Unterwasserbewohner der Ostsee. Ein Walskelett findet man im Haupthaus in einer früheren Klosterkirche, die Außenstelle »Nautineum« liegt auf der Insel Dänholm.
Katharinenberg 14–20,
Tel. 038 31/265 02 10,
www.meeresmuseum.de
Juli–Sept. tgl. 10–17,
Okt.–Juni Di–So 10–17 Uhr.

»Gorch Fock I« (4,Kd14)
Hier liegt der Vorgänger des gleichnamigen Segelschulschiffes der Bundesmarine vor Anker, das im Jahr 1933 als Schulschiff der Reichsmarine seinen Dienst aufnahm. Auf Voranmeldung finden an Bord auch Trauungen statt.
Tel. 038 31/66 65 20,
www.gorchfock1.de
April–Okt. tgl. 10–18,
Nov.–März tgl. 11–16 Uhr.

renitent Schmuck (4,Kd14)
Wer aparten, sehr modernen Schmuck sucht, wird hier bestimmt fündig. Alle Schmuckstücke werden im Atelier vor Ort entweder als Unikate oder lediglich in Kleinserien angefertigt.
Heilgeiststr. 52/53,
Tel. 038 31/340 54 19,
www.renitent.biz,
Mo, Di, Fr 10–16 Uhr.

Hansekeller (4,Kd14)
In einem Gewölbe aus dem 16. Jahrhundert kann der Gast in der offenen Küche einen Blick auf die Zubereitung der bestellten Speisen werfen. Serviert wird vorwiegend Gutbürgerliches.

Segelschulschiff »Gorch Fock I« im Stralsunder Hafen.

Mönchstr. 48, Tel. 038 31/ 70 38 40, www. hansekeller-stralsund.de, tgl. 11–24 Uhr

Hotel am Jungfernstieg (4,Kd14)
Viele Zimmer des zentral gelegenen Nichtraucherhotels bieten einen schönen Blick über die Altstadt

Vorpommern

von Stralsund. Radwanderer sind herzlich willkommen, der Fahrradkeller bietet 70 Stellplätze.
*Jungfernstieg 1 b,
Tel. 038 31/443 80, www.hotel-am-jungfernstieg.de*

Hiddensee
Blaue Scheune/ Henni-Lehmann-Haus (4,Kd12)
Das reetgedeckte Haus wurde in den 1920er-Jahren bekannt durch Ausstellungen der Hiddenseer Künstlerinnen um Henni Lehmann (1887–1937), die das Gebäude 1920 gekauft hatte. Von der Malerin stammt auch der blaue An-

Blaue Scheune auf Hiddensee.

strich, dem das Haus seinen ursprünglichen Namen verdankt. Lehmann zu Ehren trägt die »Blaue Scheune« seit dem Jahr 2000 den Namen der Malerin und Dichterin. Im Gebäude finden regelmäßig Ausstellungen statt, und auch die öffentliche Bibliothek ist hier untergebracht.
*www.ruegen-hiddensee.de
Wiesenweg 2, Mai–Sept.
Mi und So 10–12 Uhr.*

Gerhart-Hauptmann-Haus (4,Kc12)
Gerhart Hauptmann (1862–1946), Literaturnobelpreisträger von 1912, erwarb Haus Seedorn 1930. Heute ist es das einzige Haus eines deutschen Literaten, das bis ins Detail im Original erhalten ist. *Kirchweg 13, Tel. 03 83 00/ 397, Mai–Okt. Mo–Sa 10–17, So 13–17, Nebensaisonzeiten im Internet
www.hauptmannhaus.de*

Heimatmuseum (4,Kc12)
In der alten Seenotstation aus dem Jahre 1888 ist das Heimatmuseum untergebracht; Gebäude und Ausstellung bieten einen interessanten Einblick in die seefahrerische Tradition der Bewohner Hiddensees. Von weither kommen Besucher, um die Nachbildung des berühmten »Hiddenseer Goldschmucks« aus dem 10. Jahrhundert zu sehen. Das Wikingeroriginal war 1872 auf der Insel gefunden worden.
*Kirchweg 1, Tel. 03 83 00/363, heimatmuseum-hiddensee.de
tgl. 10–16 Uhr,
Winter Sa, So 11–15 Uhr.*

Godewind (4,Kc12)
Hotel mit uriger Gaststätte. Hier hat der Gast die Wahl zwischen pommerscher Landküche und mediterranen Speisen. Vom Strand oder zum Hafen sind es nur wenige Minuten zu Fuß.
*Süderende 53,
Tel. 03 83 00/66 00,
www.hotelgodewind.de*

Hotel Hitthim (4,Kc12)
Der Name bezieht sich auf einen sagenhaften Normannenkönig, der namengebend für die ganze Insel war. In einem schönen Fachwerkhaus von 1907 befinden sich 25 stilvoll eingerichtete Gästezimmer. Das rustikal eingerichtete Restaurant serviert vorwiegend Spezialitäten der Region.
*Hafenweg 8, Kloster,
Tel. 03 83 00/66 60,
www.hitthim.de*

Rügen

Ummanz

Rügener Edeldestillerie (4,Kd13)
Das unter Denkmalschutz stehende Anwesen umfasst Hunderte Obstbäume von zum Teil uralten Sorten. Ihre Früchte werden zu sortenreinen Edelbränden in limitierten Flaschenzahlen verarbeitet. Jeder Jahrgang verfügt über ein eigenes, unverwechselbares Aroma. Destillerie-Besichtigungen auf Anfrage.
Lieschow 17,
Tel. 03 83 05/553 00,
www.1ste-edeldestillerie.de
April–Sept. Mo–Sa 10–18,
Okt.–März Mo–Fr 10–16 Uhr.

Lohme

Panoramahotel Lohme (4,Lb12)
Das Haupthaus liegt auf der Steilküste über dem Hafen. Von hier gleicht der Sonnenuntergang über der Tromper Wiek einer Inszenierung.
An der Steilküste 8,
Tel. 03 83 02/91 10,
www.lohme.com

Sassnitz

Fischerei- und Hafenmuseum (4,LB12)
Das Museum im Hafen von Sassnitz hat neben dem Museumsschiff »Havel« eine große Ausstellung zur Geschichte der Fischerei auf der Ostsee und der Tradition der Rügener Bäderschifffahrt zu bieten.
Im Stadthafen,
Tel. 03 83 92/578 46,
April–Okt. tgl. 10–18,
Nov.–März tgl. 9.30–17.30 Uhr.
www.hafenmuseum.de

U-Boot-Museum (4,Lb12)
Außergewöhnliche Museums-stätte im Stadthafen: Das 90 Meter lange, ehemalige britische Atom-U-Boot »HMS Otus«, das im Jahr 1963 in Dienst gestellt wurde, dient nun als Museumsboot.
Hafenstr. 18, Tel. 03 83 92/
67 78 88, www.hms-otus.com
tgl. 10–18 Uhr
(Nebensaison bis 16 Uhr).

Nationalpark Königsstuhl (4,Lb12)
Hier gibt es Informationen über die Entstehung der Kreideküste sowie die dortige Flora und Fauna.
Besucherzentrum:
Stubbenkammer 2,
Tel. 03 83 92/661 70,
www.koenigsstuhl.com

Der viereckige Schinkelturm und sein schlanker Nachfolger am Kap Arkona.

Tierpark Sassnitz (4,Lb12)
Der einzige Zoo der Insel präsentiert sowohl die einheimische Tierwelt als auch Exoten. Bei den jüngsten Besuchern erfreut sich das Streichelgehege besonderer Beliebtheit.
Steinbachweg 4,
Tel. 03 83 92/223 81,
www.tierpark.sassnitz.de
April–Sept. tgl. 10–18,
Okt.–März tgl. 10–16 Uhr.

alaris Schmetterlingspark (4,Lb12)
Tropischer Regenwald auf Rügen: Zwischen zahlreichen Wasserläufen, inmitten von Bananenstauden, Orchideen, Hibiskus und anderen tropischen Pflanzen tummeln sich Tausende Schmetterlinge aus über 100 Arten.

Rügen

Straße der Jugend 6,
Tel. 03 83 92/664 42,
www.alaris-schmetterlings-
park.de, April–2. Nov.
tgl. 9.30–17.30,
Okt. 10 Uhr–Dämmerung.

Restaurant Fährblick (4,Lb12)
Direkt am Wasser, unweit vom Hafen gelegen, bietet das Restaurant vom ersten Stock aus einen herrlichen Ausblick. Kulinarisch werden die Gäste vor allem mit regionaltypischen Spezialitäten und einem großen Angebot hausgemachter Torten und Kuchen verwöhnt.
Strandpromenade 5,
Tel. 03 83 92/229 01,
www.faehrblick.de
tgl. ab 11.30 Uhr.

Parkhotel del Mar (4,Lb12)
Am Rand des Stadtparks und doch nah am Meer liegt das schöne historische Patrizierhaus, das innen aufs Modernste ausgestaltet wurde. Im Sommer bringt ein Shuttle-Service die Gäste zum Strand. Das Restaurant gehört zu den renommiertesten der Insel.
Hauptstr. 36,
Tel. 03 83 92/69 50,
www.parkhotel-del-mar.de

Gummanz

Kreidemuseum (4,Lb12)
Seit etwa 200 Jahren wird das »Weiße Gold« Rügens abgebaut und vielfältig genutzt. Eine detaillierte Ausstellung mit Lehrpfad zum »Kleinen Königsstuhl« bietet das informative Kreidemuseum Gummanz allen Interessierten.
Gummanz 3 a,
Tel. 03 83 02/562 29,
www.kreidemuseum.de
Ostern–31. Okt. tgl. 10–17 Uhr, sonst Di–So 10–16 Uhr.

Putgarten/Kap Arkona

Jaromarsburg (4,La11)
Die etwa 45 Meter hohen Kreideklippen des Kap Arkona auf der Halbinsel Wittow werden auch das »Nordkap« Deutschlands genannt. Hier lag vom 6. bis zum 12. Jahrhundert ein Heiligtum des slawischen Gottes Svantovit. Große Teile der direkt am Meer gelegenen Kultstätte stürzten im Lauf der Jahrhunderte ins Meer, doch der Burgwall ist noch heute zu sehen.
www.kap-arkona.de

Rügenhof (4,La11)
Auf dem ehemaligen Gutshof sind wechselnde Ausstellungen zu besichtigen. Sehenswert sind auch die Marktstände und Werkstätten für Kunsthandwerker. Die Töpferei Rügenkeramik bietet irdenes Geschirr und dekorative und ausgefallenen handgefertigte Töpferkunst in der für die Insel Rügen charakteristischen Machart.
Dorfstr. 22,
Tel. 03 83 91/43 46 60,
www.kap-arkona.de
April–Okt. tgl. ab 10 Uhr.

Leuchttürme (4,La11)
In den Innenräumen des 1827 erbauten, historischen Schinkelturms hat eine informative Ausstellung über Seezeichen Platz gefunden. Der in der Nähe aufragende frühere Marinepeilturm kann ebenfalls besucht werden.
An den Leuchttürmen,
Schinkelturm,
Tel. 03 83 91/41 90,
www.kap-arkona.de

Binz

Binz-Museum (4,Lb13)
Schwerpunkt dieser nostalgischen Ausstellung ist das späte 19. Jahr-

KOMPAKT

Rügen

hundert, als der damalige Fischerort Binz von den ersten Sommerfrischlern besucht wurde.
*Bahnhofstr. 54,
Tel. 03 83 93/12 97 93,
April–Okt. tgl. 10–17,
Nov–März Di–Sa 10–16 Uhr.*

Das Thermalbad im Seehotel Binz-Therme.

Kolonial-Stübchen (4,Lb13)
Hier hat der Teeliebhaber die Qual der Wahl: Über 300 Teesorten finden sich im Angebot, daneben auch Kaffee, Whisky, Teegebäck und andere süße Genüsse, außerdem Möbel im Kolonialstil.
*Zeppelinstr. 7,
Tel. 03 83 93/14 70 74,
www.kolonialstuebchen.de*

Kunstmeile Binz (4,Lb13)
Galerien und Kunstgewerbeläden mit Keramik, Glas und Schmuck laden den Besucher zum Schauen, Staunen und Kaufen ein.
*Margaretenstraße,
www.kunstmeile-binz.de
im Sommer bis 22 Uhr.*

Sanddorn's (4,Lb13)
Hier können Gäste entdecken, zu welchen Köstlichkeiten die Früchte des in Rügen reichlich wachsenden Sanddorns verarbeitet werden können. Es gibt Säfte, Liköre, Fruchtaufstriche, Wein und Süßigkeiten.
*Strandpromenade 24,
Tel. 03 83 93/43 65 10*

Strandhalle (4,Lb13)
Traditionsrestaurant mit hervorragenden Fischspezialitäten. Hier steht der Chef persönlich am Herd.
*Strandpromenade 5,
Tel. 03 83 93/3 15 64,
www.strandhalle-binz.de
tgl. 12–22 Uhr.*

Seehotel Binz-Therme (4,Lb13)
Das Hotel ist über einer Solequelle errichtet, um die herum ein Wellnessbereich gestaltet wurde.
*Strandpromenade 76,
Tel. 03 83 93/60,
www.binz-therme.de*

Vier Jahreszeiten (4,Lb13)
Eines der großen Binzer Hotels im zeitlos-klassischen Stil der Bäderarchitektur.
Zeppelinstr. 8, Tel. 03 83 93/500, www.vier-jahreszeiten.de

Sellin
Bernsteinmuseum (4,Lb13)
Das Museum informiert über die Entstehung von Bernstein und zeigt Kunstobjekte, die in vergangenen Jahrhunderten aus dem fossilen Harz gefertigt wurden. Das dazugehörige Geschäft bietet ein vielfäliges Sortiment an Bernsteinschmuck.
*Granitzer Str. 43,
Tel. 03 83 03/872 79,
www. bernsteinmuseum-sellin.de, Mo–Fr 10–12 und 14–17, Sa 10–12 Uhr.*

Freizeitbad Inselparadies (4,Lb13)
Zum Angebot gehören Spaßbad, Saunen und ein Wellnessbereich.
*Badstr. 1,
Tel. 03 83 03/12 30,
www.inselparadies.de
März–Okt. Mo–So 9–22,
sonst 14-21 Uhr.*

KOMPAKT

Rügen

Zur Kajüte (4,Lb13)
Das Restaurant des Hotels Waldfrieden serviert in maritimer Atmosphäre Fischgerichte, doch auch Fleischliebhaber und Vegetarier müssen nicht hungern.
Wilhelmstr. 5,
Tel. 03 83 03/89 30, www.
hotel-waldfrieden-ruegen.de

Selliner Hof (4,Lb13)
Das moderne Hotel stellt sich baulich ganz in die Tradition der ortstypischen Bäderarchitektur. Im hoteleigenen Restaurant gibt es Fischgerichte, ergänzt durch einige griechische Spezialitäten.
Granitzer Str. 48,
Tel. 03 83 03/12 90,
www.selliner-hof.de

Cliff-Hotel Rügen (4,Lb13)
Ein ehemaliges Gästehaus der SED auf dem Selliner Kliff am Beginn der Halbinsel Mönchgut wurde hier zum luxuriösen Hotel umgebaut, zu dem nun auch eine Beauty Farm und ein Tennisplatz am hoteleigenen Strand gehören.
Cliff am Meer 1, Tel. 03 83 03/
80, www.cliff-hotel.de

Baabe
Mönchguter Heimatmuseum (4,Lc14)
In einem authentischen Bauern-, Fischer- und Lotsenhaus ist das Leben auf Mönchgut von der Frühgeschichte an nachgezeichnet.
Strandstr. 1
Tel. 03 83 08/256 27,
www.moenchguter-museen-
ruegen.de, Mai–Juni Di–So
10–17, Juli–Okt. Mo–Sa 10–
13.30 und 17.–17 Uhr.

Hotel Solthus (4,Lc14)
Jedes der 39 Zimmer in dem modernen Haus mit dem traditionellen Reetdach besitzt einen Balkon oder eine Terrasse. Das hoteleigene Restaurant pflegt eine moderne Gourmetküche.
Bollwerkstr. 1,
Tel. 03 83 03/871 60,
www.solthus.de

Strandhotel Baabe (4,Cc14)
Direkt an der Strandpromenade gelegen, sorgt das Hotel mit Wellnessbereich für die Urlaubsentspannung seiner Gäste. Mehrere Restaurants im Haus bieten traditionelle Küche, italienische Spezialitäten oder leichte Bistro-Küche und stellen hungrige Besucher vor die Qual der Wahl.

Strandhotel Baabe

Strandstr. 28,
Tel. 03 83 03/150,
www.strandhotel-ruegen.de

Putbus
Rasender Roland (4,La14)
Die Dampfbahn »Rasender Roland« der Rügenschen Kleinbahn GmbH & Co. verkehrt seit 1895 als Bäderbahn zwischen Göhren und Lauterbach.
Tel. 03 83 01/88 4012,
www. ruegensche-baeder-
bahn.de

KOMPAKT

Östliches Vorpommern

Grimmen
Wasserturm mit Stadtinformation (4,Kd16)
Aus dem mittelalterlichen Stadtbild von Grimmen ragen vor allem das Rathaus, die Kirche St. Marien, das Stralsunder Tor, das Mühlentor und das Greifswalder Tor heraus. Sie alle wurden zwischen 1200 und 1400 im Stil der Backsteingotik erbaut. Auch der Wasserturm, in dem sich die Stadtinformation befindet, ist nicht zu übersehen.
Lange Str. 21 a,
Tel. 03 83 26/46 97 50,
www.grimmen.de
Di–Fr 10–17, Sa 13–17 Uhr.

Greifswald
Museumshafen (4,La16)
Der Verein Museumshafen Greifswald unterhält einen Bestand von ca. 40 Schiffen, unter anderem Zeesenboote, Gaffelketscher, Ewer, Tjalke, Haikutter, Quatzen und Frachtschiffe.
Hafenstr. 31,
Tel. 038 34/51 24 44, www. museumshafen-greifswald.de

Restaurant Olive (4,La16)
Das im Herzen der Stadt gelegene Restaurant verwöhnt seine Gäste mit mediterranen Köstlichkeiten. Ein Hauch von Mittelmeerflair liegt auch über dem von Weinreben begrünten Sommergarten.
Domstr. 40,
Tel. 038 34/79 91 43,
www.olive-greifswald.de
Mo–Sa 17–23 Uhr.

Kloster Eldena (4,La16)
Wer Greifswald am Bodden entlang Richtung Osten verlässt, sieht schon bald linker Hand die Klosterruine Eldena liegen. Das Kloster wurde 1199 von Zisterziensermönchen gegründet und war die Keimzelle der Stadt Greifswald. Während des Dreißigjährigen Krieges wurde es stark zerstört. Erst als Caspar David Friedrich die Ruinen Anfang des 19. Jahrhunderts malte, erwachte das Interesse der Öffentlichkeit an dem historischen Ort. 1828 legte man ringsum nach Plänen des Landschaftsarchitekten Peter Joseph Lenné einen Park an. Seit Mitte der 1960er-Jahre finden hier auf einer Bühne im Sommer regelmäßig Freilichtaufführungen statt.

Peenemünde
Historisch-Technisches Informationszentrum (4,Lc15)
Die in Peenemünde entwickelte, von Zwangsarbeitern im Zweiten Weltkrieg gebaute »V2« gilt als Vorläufer der Raumfahrt-Trägerraketen.
Im Kraftwerk,
Tel. 03 83 71/50 50,
www.peenemuende.de
April–Sept. tgl. 10–18,
Okt.–März Di–So 10–16 Uhr.

Phaenomenta Peenemünde (4,Lc15)
Hier kann man den Naturgesetzen mit Experimenten auf die Spur kommen.
Museumsstr. 12,
Tel. 03 83 71/260 66,
www. phaenomenta-peenemuende.de
März–Okt., Jan., Feb. tgl. 10–18 Uhr, sonst bis 16 Uhr.

Freest
Heimatstube Freest (4,Lc15)
Maritime Motive wie Anker, Wellen, Möwen zieren die Teppiche, die seit Ende der 1920er-Jahre am Peenestrom geknüpft werden und

KOMPAKT

Östliches Vorpommern

in der Heimatstube erworben werden können.
*Dorfstr. 67,
Tel. 03 83 70/203 39,
Mai–Sept. tgl. 10–16.30,
Okt.–April Di–Sa 10–16 Uhr.*

Hotel & Fischrestaurant Leuchtfeuer (4,Le15)
Das moderne, im traditionellen Stil erbaute Hotel bietet seinen Gästen auch Fahrradverleih sowie Angel- und Ausflugsfahrten auf der Peene. Im hoteleigenen Fischrestaurant wird fangfrischer oder selbst geräucherter Fisch serviert – im Sommer auch auf der Terrasse.
*Dorfstr. 1, Tel. 03 83 70/207 10,
www.hotel-leuchtfeuer.de*

Mellenthin/Usedom
Mellenthin (4,Ld17)
Im Wasserschloss aus dem 16. Jahrhundert sind heute ein Hotel, eine gutbürgerliche Gastronomie, eine Brauerei und eine Kaffeerösterei untergebracht.
*Dorfstr. 25, Tel. 03 83 79/
287 80, www.wasserschloss-mellenthin.de*

Usedom
Golfclub Balmer See (4,Ld18)
Die 27-Loch-Anlage ist eingebettet in die herbschöne Dünenlandschaft.
*Drewinscher Weg 1,
Tel. 03 83 79/281 99,
www.golfpark-usedom.de*

Naturpark Insel Usedom (4,Ld17)
Im alten Usedomer Bahnhof ist das Naturparkzentrum eingerichtet.
*Bäderstr. 5,
Tel. 03 83 72/76 30,
www.naturpark-usedom.de
Mai–Sept. Mo–Fr 10–18,
Sa 10–15 Uhr, Okt.–April
Mo–Fr 10–16 Uhr.*

Bansin/Usedom
Kurverwaltung (4,Ma17)
Bansin, Seeheilbad und eines der drei bekannten Kaiserbäder auf der Insel Usedom, prunkt mit einer Reihe prachtvoller Villen, stilvoller Bäderarchitektur des 19. Jahrhunderts, die entlang der Strandpromenade aufgereiht sind. Heute dienen die sorgfältig restaurierten architektonischen Schmuckstücke meist als Hotels oder Ferienwohnungen.
*An der Seebrücke,
Tel. 03 83 78/470 50,
www.drei-kaiserbaeder.de*

Klosterruine Eldena bei Greifswald.

Heringsdorf/Usedom
Muschelmuseum (4,Ma17)
Auf der Seebrücke Heringsdorf wird das Ergebnis geduldigen Sammelns gezeigt. Das größte der 3000 Exponate ist 95 Kilogramm schwer.
*An der Seebrücke,
Tel. 03 83 78/3 25 79,
www.ostsee.de/insel-usedom/muschel-museum.html
Mo–So 10–18 Uhr, in der
Saison 9–21 Uhr.*

Villa Irmgard (4,Ma17)
Im Jahr 1922 weilte der russische Dichter Maxim Gorki (1868–1936) aus gesundheitlichen Gründen in dieser hübschen Villa nahe dem Strand. Sein damals eingerichtetes

KOMPAKT

Östliches Vorpommern

Arbeits- und das Wohnzimmer sind heute als Museum zu besichtigen.
*Maxim-Gorki-Str. 13,
Tel. 03 83 78/2 23 61,
Mai–Sept. Di–So 12–18,
Okt.–April 12–16 Uhr.*

Ostseetherme (4,Ma17)
Aus 408 Meter Tiefe wird die Jodsole gefördert und dient verschiedenen Anwendungen. Außerdem gibt es eine Badewelt und eine Saunalandschaft.
Lindenstr. 60, Tel. 03 83 78/27 30, www.ostseetherme-usedom.de, tgl. 10–20 Uhr.

Fischrestaurant Neptun (4,Ma17)
In einer alten Kapitänsvilla, nicht weit vom Strand, liegen die 19 Zimmer und das Restaurant, das vor allem hervorragende Fischgerichte bietet.
*Maxim-Gorki-Str. 53,
Tel. 03 83 78/26 00,
www.villa-neptun.de*

Demmin
Stadtinformation (4,Kd18)
Die Stadt am Zusammenfluss von Peene, Tollense und Trebel hatte ihre Blütezeit vom 13. bis zum 16. Jahrhundert. In der alten Hansestadt sind nur wenige mittelalterliche Bauten erhalten, etwa das Luisentor.
*Am Hanseufer 1,
Tel. 039 98/22 50 77,
www.demmin.m-vp.de*

Hotel Demminer Mühle (4,Kd18)
Direkt neben dem Hotel erhebt sich eine der ältesten Windmühlen Mecklenburg-Vorpommerns, die allerdings keine Flügel mehr trägt. Die restaurierte Achtständerturm-Windmühle kann auf Wunsch besichtigt werden.
*An der Mühle 3,
Tel. 039 98/28 05 50,
www.demminer-muehle.de*

Verchen
Gemeinde Verchen (4,Kc18)
Der kleine Ort Verchen liegt am Kummerower See und bietet Wassersportlern vielfältige Möglichkeiten. Drei Fenster der frühgotischen Kirche St. Marien zieren die ältesten Glasmalereien Mecklenburgs aus dem 14. Jahrhundert.
*Seestr. 16,
Tel. 03 99 94/104 12,
www.verchen.de*

Das Müritzeum in Waren zeigt einheimische Fisch- und Pflanzenarten.

Stavenhagen
Stadtinformation (4,Kc19)
Den Beinamen Reuterstadt verdankt Stavenhagen dem hier geborenen Dichter Fritz Reuter (1810–1874), der seine Werke, etwa »Ut mine Stromtid« oder »Ut de Franzosentid«, in plattdeutscher Sprache schrieb. In seinem Geburtshaus, dem ehemaligen Rathaus, erinnert heute das Fritz-Reuter-Literaturmuseum an ihn.
*Markt 1, Tel. 03 99 54/27 98 35,
www.stavenhagen.de*

Waren
Haus des Gastes
Neben einigen mittelalterlichen Kirchen und Bürgerhäusern zieht in

KOMPAKT

Östliches Vorpommern

erster Linie das naturkundliche Müritzeum viele Besucher an. Im Sommer finden alljährlich im Bürgerpark Freiluftfestspiele statt.
Neuer Markt 21,
Tel. 039 91/74 77 90,
www.waren-tourismus.de
Mai–Sept. tgl 9–20,
Okt.–April Mo–Fr 9–18,
Sa 10–15 Uhr.

Müritzeum
Im Müritzeum werden die Fische der heimatlichen Gewässer in großen Aquarien vorgestellt. In der Außenanlage macht ein Erlebnispfad mit regional vorkommenden Pflanzen bekannt.
Zur Steinmole 1,
Tel. 039 91/63 36 80,
www.mueritzeum.de
tgl. 10–19 Uhr.

Altentreptow
Stadt Altentreptow (4,La19)
Die Kleinstadt an der Tollense hat sich weitgehend ihr mittelalterliches Stadtbild bewahrt, mit den zwei Stadttoren Demminer Tor und Brandenburger Tor, der St.-Peter-Kirche, der Spitalkapelle und einigen wunderschönen Fachwerkhäusern.
Rathausstr. 1, Tel. 039 61/ 255 10, www.altentreptow.de

Neubrandenburg
Touristinfo (4,La20)
Die mittelalterliche Stadtmauer mit vier Toren umgibt die Stadt am Tollensesee noch fast vollständig. Stargarder Tor, Friedländer Tor, Treptower Tor und Neuem Tor verdankt Neubrandenburg auch ihren Beinamen Stadt der vier Tore. Romantisch schmiegen sich die Wiekhäuser, kleine Fachwerkbauten, an die Stadtmauer.
Stargarder Str. 17,
Tel. 03 95/194 33,
www.neubrandenburg-touristinfo.de

Penzlin
Alte Burg
Die um das Jahr 1200 entstandene Alte Burg von Penzlin ist äußerlich eher unspektakulär. Doch wer historische Informationen sucht, sollte das Museum für Magie und Hexenverfolgung in den Verliesen besuchen. Danach darf getafelt werden.
Alte Burg 1,
Tel. 039 62/21 04 94,
burgrestaurant-penzlin.de,
April tgl. 10–16,
Mai–Sept. tgl 10–18,
Okt. tgl. 10–17,
Nov.–März Mo–Fr 10–15,
Sa, So 13–16 Uhr.

Burg Stargard
Hotel zur Burg
Das Hotel liegt im Herzen der Kleinstadt am Marktplatz. Das dazugehörige Restaurant »Der Stargarder« nützt im Sommer den schönen Innenhof, um seine Gäste in romantischem Fachwerkambiente zu bewirten.
Markt 10/11,
Tel. 03 96 03/26 50,
www.hotel-zur-burg.com

Ueckermünde
Touristik-Information (4,Ma19)
Die Stadt liegt an der Mündung der Uecker ins Stettiner Haff. Im Schloss der pommerschen Herzöge, das im 16. Jahrhundert erbaut wurde, befinden sich heute die Stadtverwaltung und das Haffmuseum.
Altes Bollwerk 9,
Tel. 03 97 71/284 84,
www.ueckermuende.de

SERVICE

ZUM GEBRAUCH

Mit dem Farbleitsystem finden Sie sofort zu dem entsprechenden Kapitel innerhalb des Reiseführers.

(Karte 4, Ma17) (4,Ma17)
Die Zahlen-Buchstaben-Kombination verweist auf das Planquadrat der beigefügten Karte im Reiseführer. Die erste Zahl verweist auf die entsprechende Detailkarte, die Zahl befindet sich auf der Karte in der Regel oben links, die Buchstaben-Zahlen-Kombination verweist auf den entsprechenden Planquadranten.

Dieses Symbol verweist auf wichtige Sehenswürdigkeiten innerhalb des dargestellten Stadtplanes.

Kurzbeschreibungen und schnelles Auffinden der Top-Sehenswürdigkeiten innerhalb der Karte zur besseren Orientierung.

FAKTEN

Länge der deutschen Ostseeküste: ca. 2.005 km (Schleswig-Holstein 535 km, Mecklenburg-Vorpommern 1.470 km)
Hansestädte: Lübeck, Wismar, Rostock, Stralsund, Greifswald

Ostsee-Daten:
Größe: ca. 413.000 km², tiefster Punkt ca. 460 m, Tiefe im Durchschnitt 52 m, Salzgehalt 1%
Wassertemperatur: 2° C (Jan./Dez.) bis 18° C, in Strandnähe bis über 20° C im Hochsommer
Besonderheiten: keine Ebbe und keine Flut
Bundesländer: Schleswig-Holstein und Mecklenburg-Vorpommern

UNTERWEGS

Mit dem Rad: Der Ostseeküstenradweg gehört zu den längsten Radwegen in Deutschlands Norden. Auf insgesamt 1.075 km Länge führt er in Schleswig-Holstein von Flensburg entlang der Kieler Förde, über Fehmarn bis Lübeck und Travemünde, weiter in Mecklenburg-Vorpommern über Wismar, Stralsund, Heiligendamm, über den Rügendamm nach Rügen und bis Ahlbeck/Usedom. Der Radweg ist familienfreundlich, überwiegend asphaltiert und im Allgemeinen ohne Anstrengung zu befahren.

Zu Fuß: Der Nord-Ostsee-Wanderweg gilt als eine der schönsten Touren des Nordens. Wie der Name schon sagt, führt er auf 117 km Länge von Meer zu Meer, von Meldorf an der Nordsee nach Kiel. Bei geringem Schwierigkeitsgrad, die höchste Erhebung misst 62 m, lassen sich schöne Aussichten genießen. Geübte Wanderer nehmen die Strecke in fünf Etappen.

Auf dem Wasser: An der gesamten Ostseeküste gibt es auch für Anfänger zahlreiche Möglichkeiten, an Bord zu gehen. Angebote zum Mitsegeln macht beispielsweise Segelreisen- Kiel.
Tel. 04 31/36 45 77 07
www.segelreisen-kiel.de
www.heuherbergen.de

EXTRAS

Die Ostseecard ist in Schleswig-Holstein in 17 Ostseebädern an die Stelle des Kurbeitrags getreten. Die Tourismus-Karte enthält zahlreiche Sonderangebote, Rabatte und Vergünstigungen in den Ostseebädern, auf Fähren, in der Gastronomie, in Erlebnisparks, Thermen etc. Gäste erhalten die Ostseecards in Hotels, bei der Kurverwaltung oder beim Tourist-Service.

KINDER

Für Sicherheit an den meisten Stränden sorgt in der Hauptferienzeit (15. Juni–31. Aug.) die DLRG von 10–18 Uhr.
In vielen Badeorten sind separate Kinderstrände ausgewiesen: meist steinfreie, strömungsarme Badeplätze mit einfachem Einstieg und warmem Flachwasser im vorderen Badebereich.

Eine Liste von Kinderständen:
www.ostsee-kinder-land.de

FESTE

Eutiner Festspiele
Oper, Musical und Konzerte auf der Freilichtbühne am Eutiner See, Juli/Aug.

Schleswig-Holstein Musik-Festival
Ein Klassiker mit Virtuosen vieler Nationen und facettenreichem Programm an vielen Spielort, Juli/Aug.

Travemünder Woche
Großereignis des Segelsports mit begleitendem Volksfest an Land, Ende Juli 11

Hanse Sail Rostock
Imposantes Treffen der Groß- und Traditionssegler mit bis zu 300 Schiffen, 2. Wochenende im Aug.

Warnemünder Woche
Internationale Segelregatta mit über 25 Bootsklassen und jeder Menge Partystimmung, Anfang Juli

Kieler Woche
Traditionsregatta seit über 100 Jahren und eines der größten Segelsportereignisse der Welt, Ende Juni

Windjammerparade bei der Kieler Woche.

Festspiele Mecklenburg-Vorpommern
Musikfestival mit über 100 Konzerten an teils ungewöhnlichen Spielstätten, ab Juni

SERVICE

Ostseefestspiele Stralsund und Greifswald
Theater, Oper, Musical und unterhaltsame Familienstücke, Juni-Aug.

Usedomer Musik-Festival
Klassik-festival mit Themenschwerpunkten aus dem Ostseeraum, Ende Sept.-Mitte Okt.

Die Störtebeker-Festspiele in Ralswiek.

Störtebeker Festspiele
Abenteuer-Spektakel auf der Naturbühne Ralswiek auf Rügen mit über 150 Mitwirkenden, Juni-Sept.

GÜNSTIG

Originell und preiswert sind die sogenannten Heuherbergen, die sich an der Ostsee seit einiger Zeit mit großem Erfolg etabliert haben. Es gibt unterschiedlichste Arten der natürlichen Unterkünfte: Heuhöhlen für Kids, romantische Heu-Suiten für Pärchen, rustikale Strohböden und spezielle Heuzimmer für Allergiker. Die Heuherbergen befinden sich auf Dachböden, in Scheunen oder sogar in einem Tipi. Toiletten, Wasch- und Duschmöglichkeiten und Aufenthaltsräume sind überall geboten, meist gehört auch ein Landfrühstück mit hauseigenen Produkten zur Übernachtung. Der Preis für Nachtquartier und Frühstück liegt in der Regel zwischen 15 und 20 Euro, der eigene Schlafsack muss mitgebracht werden.

Informationen und Adressen:
Verein Landurlaub Mecklenburg-Vorpommern e.V.:
Tel. 03 82 08/606 72
Adressen von Heuherbergen
in Schleswig-Holstein:
www. heuherbergen.de
Unterkünfte in Mecklenburg-Vorpommern:
www.m-vp.de/system/1651/heuherbergen.htm

BARRIEREFREI

Die deutsche Ostseeküste hat sich hervorragend auf Gäste mit Einschränkungen eingestellt. Hotels und Sehenswürdigkeiten sind barrierefrei gestaltet, stufenlose Zugänge zum Strand sind fast schon die Regel. Die Tourismus-Informationen geben Auskünfte hierzu. In vielen Orten ist es möglich, einen Strandrollstuhl auszuleihen, mit einigen Modellen kann man sogar ins Wasser fahren. Die Internetseiten www.rolliplus-sh.de und www.vorpommern.de/barrierefrei.html geben Tipps und Informationen für Reisende im Rollstuhl, www.djh-nordmark.de nennt Jugendherbergen, die barrierefrei ausgestattet sind. In Ueckermünde ist das erste behindertengerechte Großsegelschiff vom Stapel gelaufen, das Platz für bis zu 12 Gäste im Rollstuhl bietet.

Informationen:
Rollisegler c/o Zerum
Kamigstraße 26
17373 Ueckermünde
Tel. 03 97 71 /227 25
www.rollisegler.de

REISEZEIT

Schönwetter-Monate an der Ostsee sind üblicherweise Mai, im Durchschnitt der niederschlagsärmste Monat, und Juni. Im Juli und August kann die Ostsee angenehme Badetemperaturen von 20° C erreichen, auch die Tagestemperaturen bewegen sich im Mittel um 20° C, allerdings beherr-

Höhepunkt der Kieler Woche ist die Windjammerparade, die vom Segelschulschiff der Bundesmarine, der »Gorch Fock«, angeführt wird.

schen ständige Westwinde den Küstenbereich. Januar und Februar können reizvolle Reisemonate sein: Die Preise sind niedrig, manche touristische Einrichtung hat allerdings geschlossen. Eindrucksvoll sind Stürme, die starke Brandung mit sich bringen.

INFORMATION & HILFE

Ostsee-Holstein-Tourismus e.V.
Bahnhofstr. 2
23683 Scharbeutz
Info-Telefon: 045 03/888 525
tgl. 8–21 Uhr

Tourismuszentrale Rügen
Bahnhofstr. 15
18528 Bergen auf Rügen
Tel. 038 38/80 77 80
Mo–Fr 8–18 Uhr

Tourismusverband Mecklenburg-Vorpommern e.V.
Platz der Freundschaft 1
18059 Rostock
Tel. 03 81/403 05 00

Verband Mecklenburgischer Ostseebäder e.V.
Uferstraße 2
18211 Ostseebad Nienhagen
Tel. 03 82 03/776 10

Usedom Tourismus
Bäderstraße 5
17459 Ückeritz
Tel. 03 83 75/234 10

Tourismusverband Fischland-Darß-Zingst e.V.
Barther Straße 31
18314 Löbnitz
Tel. 03 83 24/6400

Im Notfall:
Polizei, Feuer, Rettungsstelle
Tel. 110 , 112
Sperr-Notruf für Kreditkarten, Bankkarten und Mobilfunkkarten
Tel. 116 116

STICHWORTREGISTER

Ahlbeck	9, 55
Ahrensbök	71
Ahrenshoop	10, 77
Altenholz	64
Angeln	32, 61
Baabe	53, 85
Bad Doberan	47, 75
Bad Malente	67
Bad Schwartau	73
Bansin	9, 55
Bernt Notke	10, 20
Bertram Wulflam	26
Binz	52
Biosphärenreservat Südost-Rügen	54
Bodden	6
Buddenbrookhaus	11, 18
Burg Stargard	89
Burgkloster	20
Caspar David Friedrich	10, 51
Christian-Albrechts-Universität	14
Damp	63
Darß	49
Darß-Zingst	6
Dassow	74
Demmin	88
Eckernförde	63
Eckernförder Bucht	6
Eldena	55
Ernst Moritz Arndt	11
Eutin	39, 69
Eutiner Schloss	69
Fehmarn	37, 38, 68
Fischland	48, 76
Flensburg	32, 60
Flensburger Förde	6, 32, 33
Förde	6
Franziskanerkloster	14
Freest	86
Gerhard Marcks	10
Gerhart Hauptmann	11
Gettorf	64
Gezeiten	6
Glücksburg	32, 60
Greifswald	11, 55, 86
Greifswalder Bodden	6, 10, 49
Grevesmühlen	74
Grimmen	86
Grömitz	40, 70
Gummanz	83
Günter Grass	11
Hanse	9, 11, 42
Hausbaumhaus	22
Heiligendamm	8, 46, 75
Heiligen-Geist-Hospital	18
Heiligenhafen	37, 68
Heinrich der Löwe	20
Heinrich Mann	11
Heringsdorf	9, 55
Herrmann Billing	14
Hiddensee	7, 50, 80
Hohwachter Bucht	37
Holstentor	18, 40
Holtsee	64
Johanniskloster	26
Kap Arkona	51, 83
Kappeln	62
Katharinenkloster	26
Kellenhusen	40
Kiel	14, 15, 16, 17, 35, 65
Kieler Förde	6, 14, 35, 36
Kieler Rathaus	14
Kieler St.-Nikolai-Kirche	14
Kieler St.-Nikolaus-Kirche	14
Kieler Woche	14, 91
Kiellinie	14
Klockenhagen	77
Kloster Zum Heiligen Kreuz	22
Klütz	74
Klützer Winkel	44
Kröpeliner Tor	22
Kühlungsborn	8, 46, 75
Kuhtor	22
Kulturhistorisches Museum Rostock	25
Kunsthalle Kiel	14
Kunsthalle St. Annen	21
Laboe	36, 65
Lagebuschturm	22
Lohme	82
Lübeck	11, 73, 18, 19, 20, 21, 41
Lübecker Bucht	40
Lübecker Dom	20
Lübecker Marienkirche	18, 41
Lübecker Rathaus	18
Lübecker St. Petri	18, 41
Lütjenburg	37
Maasholm	62
Marlow	77
Marzipan-Salon	20
Molfsee	65
Mölln	43, 73
Nationalpark Jasmund	51
Nationalpark Vorpommersche Boddenlandschaft	7, 50
Naturpark Holsteinische Schweiz	38
Naturpark Lauenburgische Seen	43
Neubrandenburg	89
Nienhagen	47
Nord-Ostsee-Kanal	35
Oeversee	61

STICHWORTREGISTER

Oldenburg in Holstein	67
Otto von Bismarck	44
Ozeaneum	28
Paul Müller-Kaempff	10
Peenemünde	86
Peenestrom	56
Penzlin	89
Phaenomenta	60
Philipp Otto Runge	10
Plön	39, 70
Poel	45, 74
Preetz	66
Prerow	78
Probstei	37, 66
Putbus	85
Ratekau	72
Ratzeburg	43, 73
Rendsburg	64
Rostock	11, 22, 23, 24, 25, 47, 76
Rostocker Marienkirche	22
Rostocker Nikolaikirche	24
Rostocker Petrikirche	24
Rostocker Rathaus	22
Rostocker Stadtmauer	22
Rostocker Ständehaus	24
Rostocker Universitätsplatz	25
Rügen	7
Sassnitz	52, 82
Savenhagen	88
Schaalsee	44
Scharbeutz	40
Schifffahrtsmuseum Kiel	16
Schlei	6, 7, 33
Schleimuseum	62
Schleswig	33, 61
Schloss Gottorf	11, 61
Schloss Granitz	53
Schloss Mellenthin	56, 87
Schönberg	66
Schwansen	34, 63
Schwedenkai	16
Schwerin	46, 75
Selenter See	37, 66
Sellin	53, 84
Sierksdorf	40, 71
Sparkassenarena Kiel	16
Steintor	22
Stralsund	9, 11, 26, 27, 28, 29, 49, 80
Stralsunder Jakobikirche	28
Stralsunder Kulturhistorisches Museum	29
Stralsunder Marienkirche	28
Stralsunder Nikolaikirche	26
Stralsunder Rathaus	26
Strande	64
Süderbarup	63
Süsel	71
Thomas Mann	10
Timmendorfer Strand	71
Tolk	61
Trave	42
Travemünde	72
Uckermünde	89
Ummanz	82
Usedom	9, 55, 87
Verchen	88
Vineta	6, 10
Walter Kempowski	11
Waren	88
Warleberger Hof	14
Warnemünde	48, 76
Weißenhäuser Strand	68
Wikinger Museum	62
Wismar	9, 45
Wolfgang Koeppen	11
Wolgast	56
Wulflamhaus	26
Zarrentin	74
Zingst	79
Zinnowitz	10

BILDNACHWEIS UND IMPRESSUM

Bildnachweis

Abkürzungen:
C = Corbis
G = Getty Images
M = mauritius images

S. 1 Look/Heinz Wohner, S. 2/3 Look/Rainer Mirau, S. 4/5 Look/Thomas Grundner, S. 7 G/Falk Herrmann, S. 8 G/R. Merlo, S. 9 M/Alamy, S. 11 H. & D. Zielske, S. 12/13 M/Hans Zaglitsch, S. 16 H. & D. Zielske, S. 20 H. & D. Zielske, S. 24 H. & D. Zielske, S. 26 H. & D. Zielske, S. 28 C/Sabine Lubenow, S. 30/31 H. & D. Zielske, S. 32 H. & D. Zielske, S. 34 M/Ingo Boelter, S. 35 Look/ Arnt Haug, S. 36 M/Justus de Cuveland, S. 37 M/Katja Kreder, S. 38 M/Karl-Heinz Hänel, S. 39 M/Novarc, S. 41 H. & D. Zielske, S. 42 H. & D. Zielske, S. 43 M/ Thomas Ebelt, S. 44 M/Werner Otto, S. 45 H. & D. Zielske, S. 46 M/Alamy, S. 47 H. & D. Zielske, S. 49 G/Andreas Jäkel, S. 51 Look/Olaf Bathke, S. 51 H. & D. Zielske, S. 52 M/Alamy, S. 53 M/Karl F. Schöfmann, S. 53 Look/Hauke Dressler, S. 54 H. & D. Zielske, S. 55 H. & D. Zielske, S. 56 M/Ernst Wrba, S. 57 H. & D. Zielske, S. 58/59 H. & D. Zielske, S. 61 H. & D. Zielske, S. 62 M/Heinz-Dieter Falkenstein, S. 63 Look/Engel & Gielen, S. 65 Theater Kiel, S. 66 M/Alamy, S. 69 M/foodcollection, S. 70 Look/Ulf Böttcher, S. 73 Look/Arnt Haug, S. 76 M/Peter Lehner, S. 79 Hotel Waldschlösschen, S. 80 Look/Tina und Horst Herzig, S. 81 Look/Konrad Wothe, S. 82 M/Rainer Mirau, S. 84 Seehotel Binz-Therme, S. 85 Strandhotel Baabe, S. 87 M/Curtis, S. 88 Klaus Steindorf-Sabath, S. 91 M/Werner Otto, S. 92 M/Sabine Lubenow, S. 93 C/Christian Charisius.

Titelbild: Kreidefelsen auf Rügen, Foto: iStockphoto/RicoK69
Umschlagrückseite: Seebrücke Ahlbeck auf Usedom, Foto: iStockphoto/nicky39 (links); Am Alten Strom von Warnemünde, Foto: iStockphoto/querbeet (rechts)

Impressum

Genehmigte Sonderausgabe für VISTA POINT Verlag GmbH, Birkenstraße 10, 14469 Potsdam

© 2016 Kunth Verlag GmbH & Co. KG, München

Gesamtherstellung: VISTA POINT Verlag GmbH, Potsdam

Alle Rechte vorbehalten. Reproduktionen, Speicherung in Datenverarbeitungsanlagen, Wiedergabe auf elektronischen, fotomechanischen oder ähnlichen Wegen nur mit der ausdrücklichen Genehmigung des Copyrightinhabers.

Alle Fakten wurden nach bestem Wissen und Gewissen mit größtmöglicher Sorgfalt recherchiert. Redaktion und Verlag können jedoch nicht für absolute Richtigkeit und Vollständigkeit der Angaben Gewähr leisten. Der Verlag ist für alle Hinweise und Verbesserungsvorschläge jederzeit dankbar.

Der Verlag ist bemüht, alle Bildrechteinhaber ausfindig zu machen. In Ausnahmefällen muss die Recherche ohne Erfolg beendet werden. Betroffene Rechteinhaber werden gebeten, sich mit dem Verlag in Verbindung zu setzen.